抖音

企业号运营

从入门到精通

马彦威　杨子龙　◎编著

中国铁道出版社有限公司
CHINA RAILWAY PUBLISHING HOUSE CO., LTD.

内 容 简 介

如何从账号的设计开始，打造一个专属的企业号？

如何快速认证成为蓝V，获得企业的运营特殊权限？

如何打造爆款，做好抖音直播，让企业产品销量倍增？

如何快速引流涨粉，聚集百万粉丝，突破百万、千万的利润？

以上内容，本书将手把手教你！并结合迪奥、兰蔻、魅可、科颜氏、伊利、江小白、华为、荣耀、OPPO、小米、东风日产等企业大号的成功经验，助你抖音企业号运营、引流和盈利转化从入门到精通。

本书不仅适合运营新手，掌握抖音企业号各方面的知识点，快速开启运营大门，更适合拥有一定运营经验的运营者，提高账号发布内容的质量，快速增强账号的引流和吸粉能力，为账号的带货和盈利转化创造更好的条件。

图书在版编目（CIP）数据

抖音企业号运营从入门到精通/马彦威，杨子龙编著.—北京：中国铁道出版社有限公司，2021.3（2021.11重印）

ISBN 978-7-113-27408-5

Ⅰ.①抖… Ⅱ.①马… ②杨… Ⅲ.①网络营销 Ⅳ.①F713.365.2

中国版本图书馆CIP数据核字（2020）第224912号

书　　名：	抖音企业号运营从入门到精通 DOUYIN QIYEHAO YUNYING CONG RUMEN DAO JINGTONG
作　　者：	马彦威　杨子龙

责任编辑：张亚慧　　编辑部电话：(010)51873035　　邮箱：lampard@vip.163.com

编辑助理：张秀文

封面设计：宿　萌

责任校对：孙　玫

责任印制：赵星辰

出版发行：中国铁道出版社有限公司（100054，北京市西城区右安门西街8号）

印　　刷：北京柏力行彩印有限公司

版　　次：2021年3月第1版　2021年11月第2次印刷

开　　本：700 mm×1 000 mm　1/16　印张：17　字数：286千

书　　号：ISBN 978-7-113-27408-5

定　　价：59.00元

前言

　　抖音企业号入驻正在高速增长，自2018年6月1日起，抖音短视频全面开放了企业入驻，至本书截稿时间，抖音企业号入驻企业数超过350万家。目前，抖音企业号日均新登记企业2万余家。

　　抖音已经成为一款国民级短视频社交平台。2020年1月，抖音DAU突破4亿。也就是说，全国每天每3.5人就有1人打开抖音，抖音已经和我们的生活、工作、学习息息相关。根据卡思数据的最新报告指出，抖音日均使用时长达到98分钟，同时对三线、四线、五线及以下用户的渗透也超过60%。

　　抖音凭借短视频内容的大数据标签化，精准高效地匹配各类内容受众，有效地提高了企业品牌宣传、产品曝光、文化传播、IP打造、用户黏性促进等方面的商业价值。而且这一切几乎是零成本的，在其他平台获得流量成本居高不下的今天，抖音短视频平台对于中小品牌来说更是非常好的机会。

　　抖音企业号作为企业在短视频领域营销的主阵地，也被越来越多的企业重视。官方发布，企业号现在已经覆盖了 28 个一级行业和 267 个二级行业。截至 2019 年末,抖音企业号已经实现地级以上城市 100% 覆盖。

抖音短视频商业闭环已经形成,抖音商业化加速的过程中最受益的当属企业用户。除了企业号的展现和营销功能外,抖音开放了抖音门店后,打通门店线上线下流量,团购、优惠券等功能,实现企业或店铺商品在线交易,成为最有力的企业商业获利工具。

但是,90% 的企业在运营企业号期间并没有完全发挥出企业的作用,而且企业对于企业号运营人才极其缺乏。本书针对以上问题,从企业号的定位、运营方向、企业的基础设置、六种基本玩法、热门运营的必备知识、企业粉丝的运营、企业号引爆销售量的八种玩法、打造企业私有流量池等内容入手,全面解析企业号运营、营销逻辑和实操落地方法。

本书采用图文结合,以案例实操方法为主,多角度、深层次地讲解抖音企业号运营的方法,内容丰富,条理清晰,容易落地。

本书有以下几大特点。

第一,循序渐进,易学易懂。本书内容由浅入深、循序渐进、图文并茂、通俗易懂。购买本书,不管你是抖音小白还是短视频运营高手,都能快速全面地掌握抖音企业号运营方法。适合个体实体店老板利用抖音营销引流、销售产品,是企业抖音账号运营人员的操作指导书等。

第二,详细解密,全面覆盖。本书包含从企业号定位、企业号营销功能设置、粉丝运营、热门要素、营销推广、多种获利方式,构建企业自己私有流量池等内容。解决抖音企业号运营过程中的问题,让你少走弯路。

第三,成功案例,全面借鉴。本书结合大量各行业的抖音企业号运营案例,力争让每个行业的企业都能从中找到对标账号,并且全面分析、拆解优秀案例,帮助你快速做好抖音企业号。

本书由马彦威、杨子龙编著,参与编写的人员还有陈思等,在此一并表示感谢,由于经验有限,书中难免存在不足和疏漏之处,恳请读者批评指正。

编　者

2020 年 12 月

目 录

第1章　注意账号设计，专属的企业号　1

抖音企业号其实是抖音的一种账号类型，是抖音平台为企业提供的一个免费的服务平台，尤其是对于中小型企业来说，企业号的出现给了它们更多的生存空间和更多的机会，更有利于它们的发展。

第 **2** 章

认证成为蓝 V，获取运营特权　25

与抖音个人号不同，抖音企业号是一个企业向外宣传的窗口。因此，抖音企业号运营起来通常要比抖音个人号复杂一些。

第3章

打造爆款视频，吸引用户无数　49

对于个人号运营者来说，爆款视频是吸粉的最佳绝招。对于企业号运营者来说也是如此。所以在内容的选择、视频的制作方面绝不可以掉以轻心。本章将介绍如何制作出爆款视频，希望能帮助大家。

第 4 章

做好抖音直播，拉近用户距离　85

抖音直播是现在比较流行的带货卖货的渠道，所以企业号的运营者应该很好地将直播利用起来，然后利用它对自己的产品进行宣传。直播人人都可以进行，但是做好直播却不是那么容易的事情。本章将介绍如何做好直播的相关内容，希望能帮助大家。

第5章

选出火爆产品，让你销量倍增　109

企业运营企业号的目的就是为了宣传自己的企业，卖出自己的产品，而打造爆品是达到目的的最佳手段。所以运营者应该了解并且深入研究如何打造爆品。本章总结了一些打造爆品的经验，希望能助大家一臂之力。

一、爆品的关键点，抓住 10 个要素　110

二、借助营销技巧，引爆产品销量　121

目
录

第 6 章 　掌握数据分析，提高运营能力　135

通过抖音的相关数据，我们不仅可以知道一条视频是否受抖音用户的欢迎，还可以通过对数据进行分析，了解和弥补自身的不足，从而在此基础上针对性地提高抖音账号的卖货能力。

第 7 章 　快速引流增粉，聚集百万粉丝　155

对于运营者来说，要获取可观的收益，关键就在于获得足够的流量。那么，企业号运营者应如何实现快速引流，从零开始聚集百万粉丝呢？

本章将从抖音平台内引流的方式和从其他平台引流的方法两方面介绍如何引流增粉，帮助运营者快速聚集大量用户，实现品牌和产品的高效传播。

第8章　塑造品牌形象，提高用户认同　187

对于企业来说品牌就是利益，因为品牌能够激起用户的购买欲望，能够在公众之间建立一种权威形象，并且形成影响，吸引广告合作和商业融资，进行商业化扩大和升级。企业可以利用企业号为企业打造品牌，塑造形象服务，从而提高用户认同，赢取更多粉丝，促进企业的健康发展。

第 9 章 做好私域流量，企业发展之路 207

什么是沉淀粉丝？笔者个人的理解就是将抖音这个平台上的公域流量转化成自己抖音号或微信号上的私域流量。

目 录

9

第.**1**.章

注意账号设计，
专属的企业号

抖音企业号其实是抖音的一种账号类型，是抖音平台为企业提供的一个免费的服务平台，尤其是对于中小型企业来说，企业号的出现给了它们更大的生存空间和更多的机会，更有利于它们的发展。

一 什么是企业号？了解助力运营

什么是抖音企业号？下面将从抖音企业号的概念和核心价值这两方面为大家具体解析。

—— 企业号的概念，免费服务平台 ——

抖音企业号其实就是抖音平台根据企业的需求所提供的一个"内容＋营销"的服务平台，它主要是为企业或者公司提供免费的内容分发和商业营销服务。企业号可以分为两种：一种是一般意义上的企业号，是以企业组织来认证的；另一种是机构号，主要针对一些媒体等机构。

所以，企业或者品牌在进行抖音号认证时会选择认证企业号。一般而言，当一个企业或者品牌想要入驻抖音，在登录抖音号之后，应进行抖音号的账号认证，而且账号在认证成为企业号之后，该企业号本身便具有了个人号所不具备的独特的权益。

随着短视频领域的发展，很多企业都将自己的目光从传统营销移向短视频营销，而就目前的环境来看，抖音已经成为企业进行短视频营销最重要的阵地。那么，为什么在众多的短视频平台中，比如快手、火山小视频（2020年1月8日更名为抖音火山版）、微信视频号等，抖音最受企业青睐呢？主要原因有以下3个。

（1）抖音的活跃用户数量大。截至2020年3月，抖音的月活跃用户数量已经达到5.18亿，这是非常大的流量体量。虽然现在短视频平台很多，但是抖音现阶段在短视频领域仍然处于霸主地位。

（2）抖音用户的使用时长非常突出。截至2020年3月，抖音的用户月平均使用时长已经达到28.5小时。而企业营销非常重要的一个策略就是提高企业的曝光度，换句话说，就是要在用户使用时间相对较长的平台增加自己的曝光率，让营销触达更多的用户。

图 1-1 所示为 QuestMobile（它的公司主体为北京贵士信息科技有限公司，该公司属于国内移动互联网大数据公司，主要为企业提供完整的移动大数据解决方案）发布的有关抖音月活跃用户规模和月平均使用时长的数据截图。

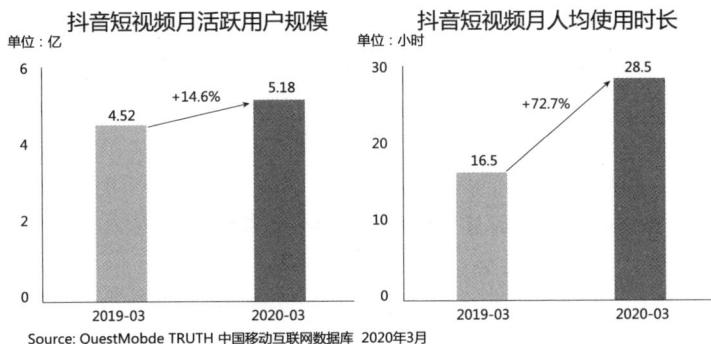

抖音短视频月活跃用户规模
单位：亿

抖音短视频月人均使用时长
单位：小时

Source: QuestMobde TRUTH 中国移动互联网数据库 2020年3月

图 1-1　QuestMobile 发布的抖音月用户规模和月均使用时长数据

（3）成本低。抖音平台为企业所提供的的内容分发和商业营销服务几乎是零成本的。企业包括品牌在传统的营销平台进行营销时获得流量的难度和成本越来越高，而在抖音中，企业却可以通过非常低的成本实现营销的目的，这对于企业尤其是中小企业来说是非常好的机会。

从以上 3 个角度来说，短视频平台尤其是抖音平台会越来越受到企业的青睐，并且企业会越来越多地在抖音上进行营销活动。

—— 账号核心价值，促进企业发展 ——

说到企业号对于企业的核心价值，可以从两方面来看。

一是创立企业或者品牌在短视频平台上的用户资产，简单地说就是建立企业的专属流量池。很多企业或者品牌在进行营销时，都偏向于一次性投放，这样不利于企业未来的可持续发展，而且营销的成本也会比较高。而企业号却可以将企业获得的流量真正沉淀下来成为自己的品牌粉丝，随着粉丝的积累，企业做营销的成本会降低且效果会变好。

二是增加年轻用户，因为抖音的用户比较年轻化，以 90 后和 00 后为主，这些人是非常重要的消费群体。而且，企业还可以通过直接与年轻用户接触和互动来找到他们的喜好，为企业或者品牌的转型和营销提供真实可信的营销依据。

3

二 做好账号定位，找准运营方向

在抖音企业号的运营过程中，必须要做好账号定位。账号定位，简单的理解就是确定账号的运营方向，具体可细分为行业定位、产品定位、用户定位和内容定位4个部分。也就是说，只要账号定位准确，抖音企业号的运营者就能把握住账号的运营和发展方向。

—— 根据行业定位，选择所在领域 ——

行业定位就是确定账号分享的内容的行业和领域。通常抖音企业号的运营者在做行业定位时，只需选择自己企业所在的领域即可。当然，有时候某个行业包含的内容比较广泛，而且抖音上做该行业内容的抖音企业号已经比较多了。那么，此时企业号的运营者可以通过对所在的行业进行细分，然后侧重从某个细分领域打造账号内容。

比如"华为"除了有一个公司的官方账号外，还有一个"华为终端"的账号，在官方账号发布的内容比较杂乱，是没有细分领域的。图1-2所示为抖音企业号"华为"的账号主页截图。而"华为终端"这个账号主要是发布与手机各个功能应用相关的内容，尤其是手机的拍摄功能。图1-3所示为抖音企业号"华为终端"的账号主页截图。

图 1-2 "华为"账号主页

图 1-3 "华为终端"账号主页

又如，摄影包含的内容比较多也比较杂，有的人对摄影的拍摄技巧和后期处理有兴趣，所以有的抖音企业号运营者就将自己的账号定位为传授拍摄小技巧的账号，像抖音企业号"蚂蚁摄影（咋拍App）"就是专门教别人摄影的账号，发布的视频都是一些摄影的小技巧，并且该账号还附带会教大家如何进行照片的后期处理，非常实用，获得了很多抖音用户的喜爱和转发。图1-4所示为该企业号的账号主页。

有的人对拍摄场景的要求比较严格，如花海、海边、水下等。抖音企业号"马祺锐水下摄影"就将自己的账号定位为专门为用户提供水下摄影服务的企业号，该账号发布的视频内容都是水下摄影的过程和水下摄影作品，非常唯美和浪漫。用户看了该账号发布的内容后，如果喜欢就可以联系他们进行合作。图1-5所示为该企业号的账号主页。

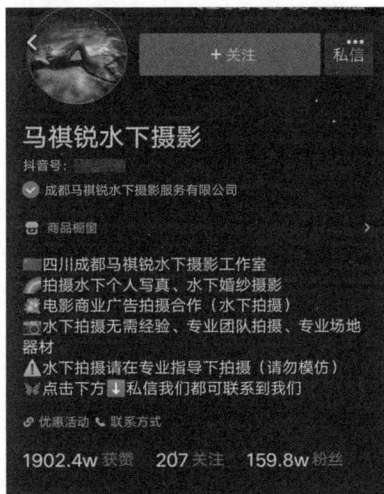

图1-4 "蚂蚁摄影（咋拍App）"的　　图1-5 "马祺锐水下摄影"的账号
　　　　　账号主页　　　　　　　　　　　　　　主页

—— 确定产品定位，直接影响转化 ——

大部分企业号运营者之所以要做抖音运营，就是希望能够借此转化获利，获得一定的收益。而产品销售又是比较重要的一种转化方式，因此选择合适的转化产品，进行产品的定位就显得尤为重要。

那么，如何进行产品定位呢？根据企业号运营者自身的情况，产品定位可以分为两种。一种是根据自身拥有的产品进行定位，另一种是根据自身业务范围进行定位。根据自身拥有的产品进行定位很好理解，就是看自己有哪些产品是可以销售的，然后将这些产品作为销售的对象进行营销。

例如，运营者自身拥有多种水果，于是其将账号定位为水果销售类账号，并且将账号直接命名为"×× 水果"，然后通过视频重点进行水果的展示，并为抖音用户提供了水果的购买链接。图 1-6 所示为抖音企业号"多辉水果"的账号主页；图 1-7 所示为该账号发布的短视频内容页面。

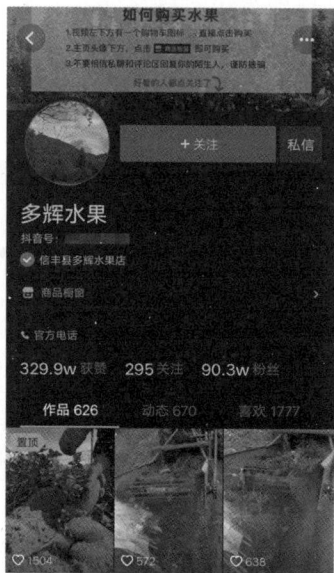

图 1-6　"多辉水果"账号主页　　图 1-7　"多辉水果"发布的短视频
内容页面

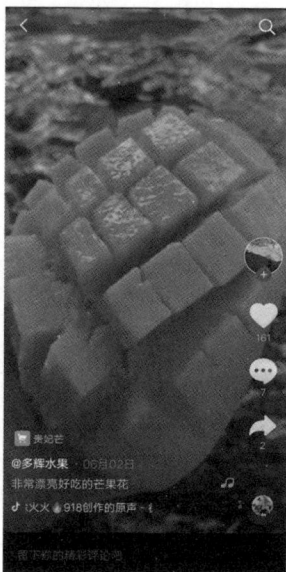

企业号运营者除了可以根据自己售卖的产品进行账号定位，还可以根据自己的服务范围来定位，因为有很多用户以提供服务为主，并没有可以售卖的产品。比如，有的教育机构根据自己的服务范围定位自己的企业号，并且发布与自己账号定位垂直领域的短视频。

图 1-8 所示为抖音企业号"跟 VIPKID 玩英语"的账号主页，该账号就是配合自己的服务发布内容，吸引更多的精准用户关注，然后去售卖自己的服务，也就是自己的课程。图 1-9 所示为该账号售卖课程的页面。

图 1-8 "跟 VIPKID 玩英语"账号主页   图 1-9 售卖课程的页面

—— 了解用户定位，达到营销效果 ——

在企业号的运营过程中，用户定位是至关重要的一环，只有了解了自己的目标用户，才能根据这些用户的需求，制造出相应的内容，达到最好的营销效果。目标用户定位主要做两件事：第一件事是了解自己的目标用户是谁；第二件事是了解这些目标用户的主要特征。

如果企业能够摸透以上两件事，那么对账号定位是大有好处的。通常企业号运营者在对目标群体特征进行分析时，主要从两个方面入手，如图 1-10 所示。

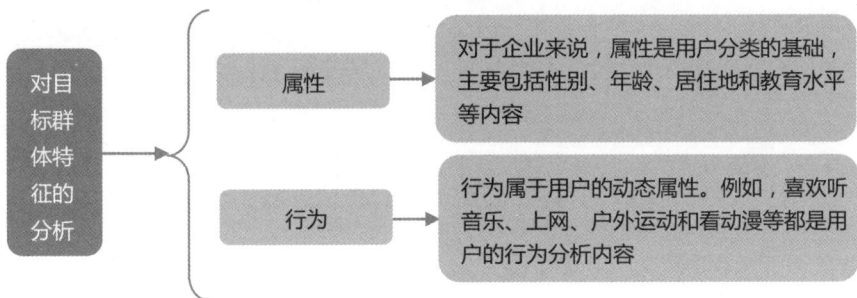

图 1-10 对目标群体特征的分析

一个优秀的企业号的运营者，还需要对目标用户进行简单的群体特征分析，这些群体特征的分析主要从以下几个特性着手，如图 1-11 所示。

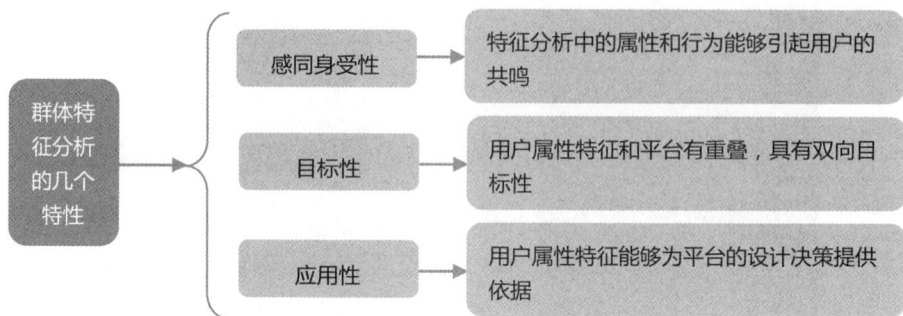

图 1-11　群体特征分析的几个特性

介绍完了目标群体特征分析的内容，下面介绍目标用户定位的流程，通常来说，对目标用户的定位需要经过 3 个步骤，如图 1-12 所示。

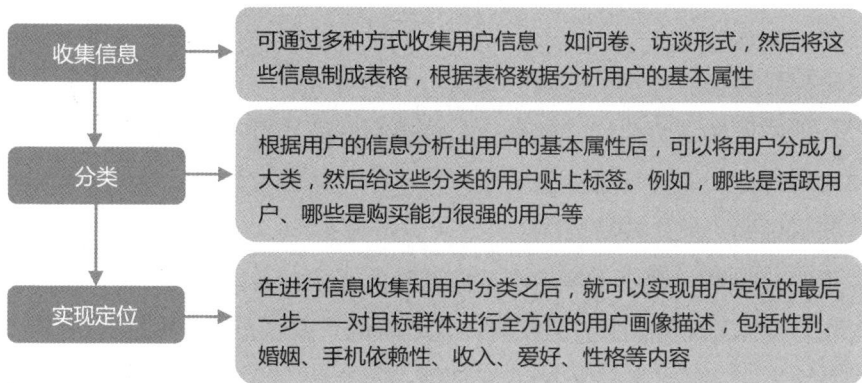

图 1-12　对目标用户定位经过的 3 个步骤

—— 进行内容定位，打造优质内容 ——

抖音企业号的内容定位就是确定账号的内容方向，并据此进行内容的生产。通常来说，企业号的运营者在做内容定位时，只需结合账号定位确定需要发布的内容即可。企业号的运营者在确定了账号的内容方向之后，即可根据该方向进行内容的生产。

当然，在抖音企业号运营的过程中，内容生产也是有技巧的。具体来说，企业号的运营者在生产内容时，可以运用以下技巧，轻松打造持续性的优质内容，如图1-13所示。

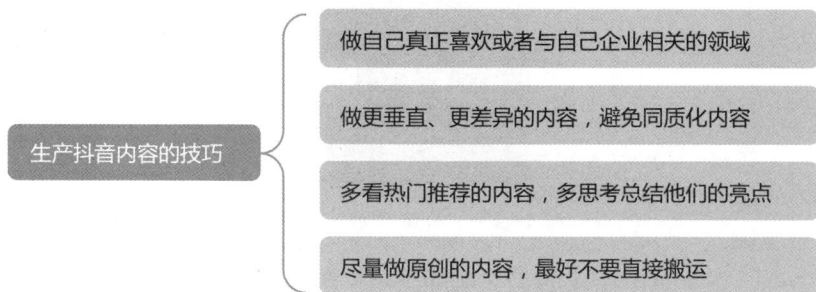

图1-13　生产抖音内容的技巧

三 注册专属账号，设置主页信息

一个优质的、个性的抖音号，由哪些部分组成呢？主要包括名字、简介、头像、资料和头图。那么，抖音号的这5项内容如何进行设置呢？本节将对这个问题进行重点解答。

—— 账号注册登录，具体操作过程 ——

抖音无须进行复杂的账号注册操作，只需用手机号或微信等账号即可直接登录。具体来说，运营者可以通过如下操作登录抖音短视频平台。

▶▶ STEP01 进入抖音短视频App之后，出现"推荐"界面，然后点击下方的"我"按钮，如图1-14所示。

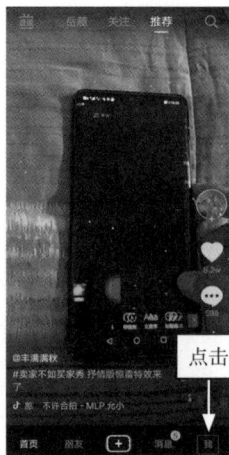

图 1-14　点击"我"按钮

▶▷ STEP02　进入账号登录界面，如图 1-15 所示。点击"本机号码一键登录"按钮，用手机号登录抖音。除了手机号码登录外，还可以通过其他方式登录抖音号，如图 1-16 所示。

图 1-15　账号登录界面　　　　图 1-16　其他方式登录

—— **设置精彩头像，展现企业形象** ——

抖音账号的头像也需要有特点，必须展现自己最美的一面，或者展现企业的良好形象。在抖音的"我"界面中，可以通过如下步骤修改头像。

▶▷ STEP01 登录抖音短视频平台，进入推荐界面，然后点击下方的"我"按钮，如图 1-17 所示。

▶▷ STEP02 进入"我"界面，点击该界面的"编辑资料"按钮，如图 1-18 所示。

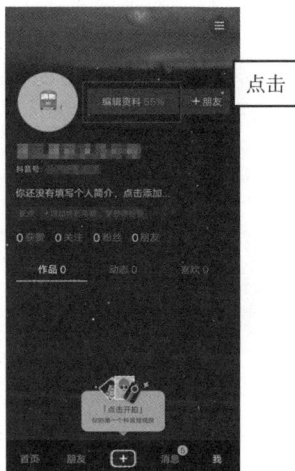

图 1-17 点击"我"按钮　　图 1-18 点击"编辑资料"按钮

▶▷ STEP03 进入"编辑资料"界面，点击该界面的"点击更换头像"按钮，如图 1-19 所示。

▶▷ STEP04 弹出一个新的对话框，选择对话框中的"从相册选择"选项，如图 1-20 所示。

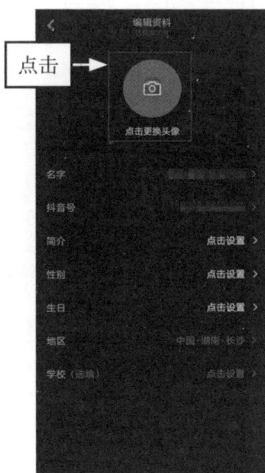

图 1-19 点击"点击更换头像"按钮　　图 1-20 选择"从相册选择"选项

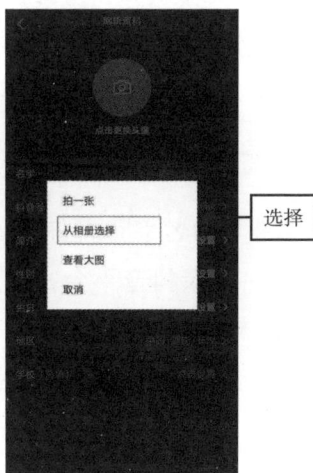

▶▷ STEP05 进入本地图片选择界面，❶选择适合自己账号的图片；❷点击"确认"按钮，如图 1-21 所示。

▶▷ STEP06 进入图片的"剪裁"界面，进行图片的裁剪之后，点击"完成"按钮，如图 1-22 所示。

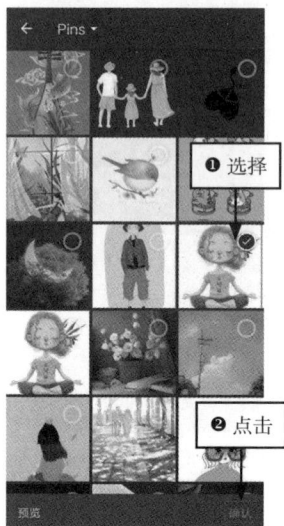

图 1-21　点击"确认"按钮　　　　图 1-22　点击"完成"按钮

在设置抖音头像时有以下 3 个基本技巧。

（1）头像一定要清晰。

（2）团体人设账号可以使用代表人物形象作为头像，或者使用公司名称、LOGO 等标志。

—— 修改账号名字，增加搜索机会 ——

抖音企业号的名字应该如何修改呢？具体操作步骤如下。

▶▷ STEP01 登录抖音平台，进入"编辑资料"界面（头像设置时介绍过怎样找到"编辑资料"界面，这里就不再赘述），点击"名字"一栏，如图 1-23 所示。

▶▷ STEP02 进入"修改名字"界面进行名字的修改，完成后点击"保存"按钮，如图 1-24 所示。

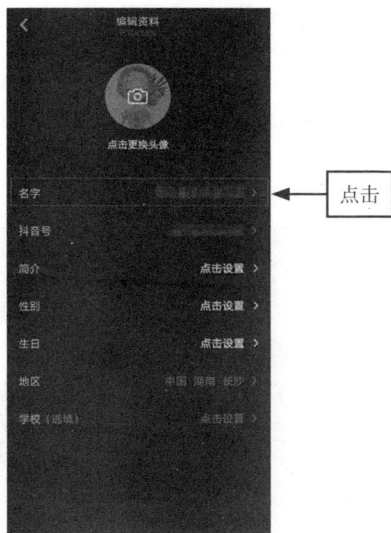

图 1-23 点击"名字"一栏　　　图 1-24 进行名字修改

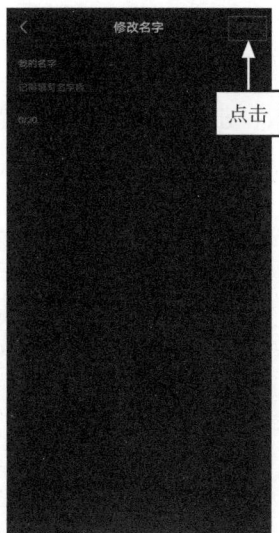

一个好的账号名字可以增加抖音企业号被其他用户搜索到的机会，并且增加用户对该账号的喜爱。所以，运营者在给自己的账号起名时应该深思熟虑，而不是一时兴起。这里总结了运营者在给自己的企业号起名字时需要注意的几个问题，具体如下。

（1）名字不要太长。太长的名字不容易记忆，通常以 3 ～ 5 个字为佳。在抖音的蓝 V 企业号中，粉丝数量排在前 50 名的账号，名字几乎没有超过 7 个字的。

（2）注意账号人设。让其他的用户看见你的账号名称就能联想到你的企业或者品牌，也就是说要体现人设感。

（3）不要太官方。一般来说，用户刷抖音是为了打发无聊的时间，太官方的名字可能会让他们不适。也就是说，没有必要的话，账号名称的后缀可以不用写上 ×× 公司 / 企业。

（4）尽量不要加英文或者是不常见的文字类型，因为这样不利于账号被用户搜索发现。

── 填写账号简介，注意引导关注 ──

修改简介的具体操作步骤和修改名字大致相似，在"编辑资料"界面进行修改，具体如下。

▶▶ STEP01 登录抖音短视频平台，找到"编辑资料"界面，点击该页面中的"简介"一栏，如图 1-25 所示。

▶▶ STEP02 进入"修改简介"界面，输入自己账号的简介，完成后点击"保存"按钮，如图 1-26 所示。

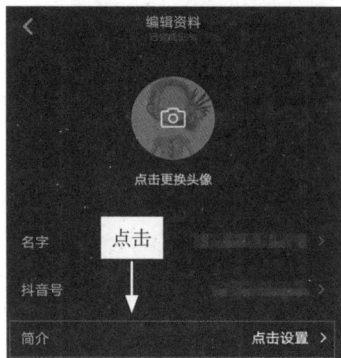

图 1-25　点击"简介"一栏

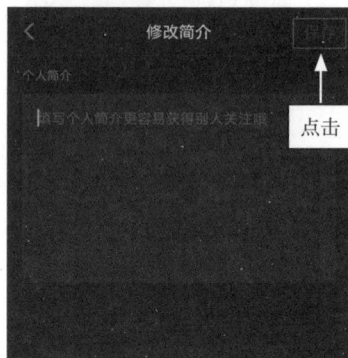

图 1-26　进行简介修改

抖音的账号简介通常是简单明了，一句话介绍所有信息，其主要原则是"描述账号＋引导关注"，基本设置技巧如下。

（1）前半句描述账号的特点或功能，后半句引导关注，一定要明确出现关键词"关注"。

（2）账号简介可以用多行文字，但一定要在多行文字的视觉中心出现"关注"两个字。

（3）企业号运营者可以在简介中巧妙引导加微信等，如图 1-27 所示。

图 1-27　巧妙引导加微信

设置主页头图，提高吸粉能力

账号头图就是抖音主页界面最上方的图片，部分企业号的运营者认为头图设不设置无所谓，其实不然。图 1-28 所示为一个没有设置头图的抖音号主页。看到这张图片之后你有什么感觉呢？笔者的感觉是这个主页好像缺了什么东西。而且运营者连头图也不设置，像是没有用心在运营。

其实，即便是随意换一张图片，感觉也会比直接用抖音号的默认图片要好得多。不仅如此，头图本身也是一个很好的宣传场所。例如，我们可以设置带有引导关注类文字的头图，提高账号的吸粉能力，如图 1-29 所示。

图 1-28 只有抖音默认头图的抖音号

图 1-29 通过头图引导关注

另外，抖音运营者还可以在头图中展示自身的业务范围，让用户一看就知道你是做什么的。这样当用户有相关需求时，便会将你作为重要的选择项。图 1-30 所示为某抖音号利用头图吸引客户。

图 1-30 利用头图吸引客户

那么，运营者如何更换账号的头图呢？更换头图的操作步骤具体如下。

▶▷ STEP01 登录抖音短视频平台，进入"我"界面，点击该界面上方的位置，如图1-31所示。

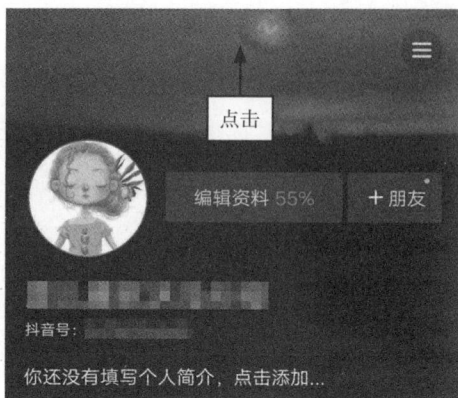

图1-31 点击头图所在的位置

▶▷ STEP02 进入"更换"界面，点击该界面中的"更换"按钮，如图1-32所示。

▶▷ STEP03 弹出一个新的对话框，选择该对话框中的"从相册选择"选项，如图1-33所示。

图1-32 点击"更换"按钮　　图1-33 选择"从相册选择"选项

▶▶ STEP04 进入本地相册后，选择适合自己账号的图片，点击"确认"按钮，如图 1-34 所示。

▶▶ STEP05 进入"裁剪"界面，对图片进行简单的处理，使之适合作为头图，完成后点击"完成"按钮，如图 1-35 所示。

图 1-34　选择图片　　　　　　　图 1-35　剪裁图片

—— 其他信息填写，吸引用户关注 ——

除了名字、头像、简介和头图外，抖音企业号运营者还可以对学校、性别、生日和地区等账号信息进行设置。这些资料只需进入"编辑资料"界面即可直接进行修改，如图 1-36 所示。在这 4 类账号信息中，学校和地区相对来说重要一些，能更好地吸引抖音用户的关注，从而提高账号内容对用户的吸引力，以及增加运营者旗下实体店的流量。

图 1-36　修改其他信息

（四）进行抖音养号，提高账号权重

　　抖音是否需要养号这个问题，在网上的争议一直都非常大，有一部分运营者觉得抖音靠的是内容质量和创意，而且抖音官方对养号的态度也模糊不清，至今也没有发布过养号的操作，甚至有的人发布的第一个作品可能就会火，但是这并不代表养号是无足轻重的。本节就来解答养号的相关问题，加深大家对抖音养号的认识。

—— 简单介绍养号，维持账号稳定 ——

　　其实抖音养号并不是说简单地把账号养好，然后发作品就能火起来。养号其实是为了维持账号的稳定性与活跃度，并且提升账号的权重，从而赢得抖音平台更多的推荐量。而且这一切都与后面抖音账号变现息息相关，抖音养号比较成功的运营者，后期的商业变现也会比较顺利。

　　养号包括的内容其实非常多，从上一节介绍的账号信息的设置，到内容的发布，到后期的粉丝维护，都可以看作是在养号。另外，运营者为了提高账号的权重进行的操作也属于是在养号。

—— 9个养号操作，增加平台推荐 ——

如果运营者想要将抖音号养好，也就是想要提高自己账号的权重，这里总结了几个操作，大家可以参考。

（1）用流量登录几次。这个操作总是被大家忽视，但是在养号阶段其实是非常重要的一个技巧，尤其是对经常发广告的企业号来说，它可以避免平台将你的企业号误认为是营销号然后进行限流。对此，抖音号运营者不需要经常刷，闲暇时用流量刷刷首页，看看内容即可。

（2）多刷与自己账号定位相同领域的内容。企业号运营者在养号时先找到与自己同领域的内容，然后去看看别人的视频，而不是注册账号之后就迫不及待地开始发内容、发广告。比如，你所做的领域是家纺，那么你就可以在抖音平台进行关键词搜索，找到与家纺有关的内容，然后选择自己喜欢的内容进行观看，如图1-37所示。

图1-37 搜索关键词

（3）翻一翻热搜榜单。运营者可以经常打开抖音的搜索界面，在该界面有很多的热点内容，运营者也可以看看其他用户所感兴趣的内容，然后总结经验，制作出热门的视频。尤其是抖音的热点榜和品牌热 DOU 榜，运营者可以将其作为查看的重点。图 1-38 所示为抖音热点榜；图 1-39 所示为品牌热 DOU 榜。

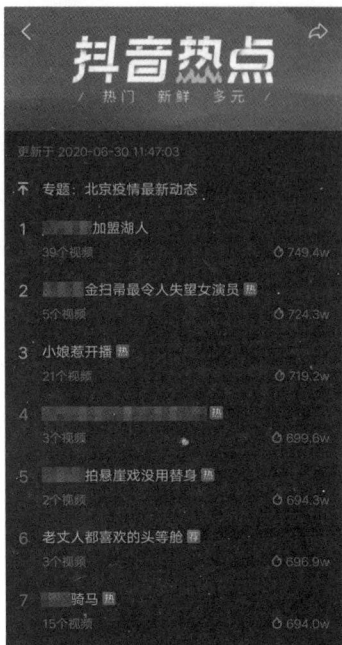

图 1-38　抖音热点榜

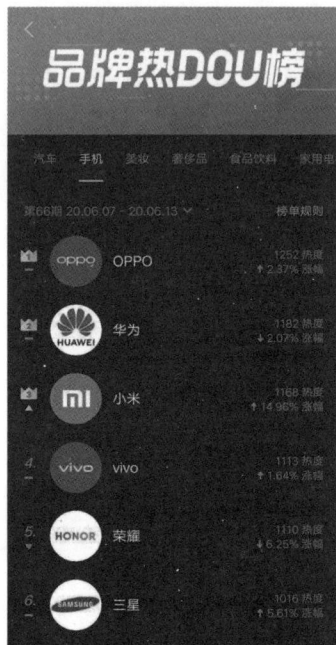

图 1-39　品牌热 DOU 榜

（4）刷同城推荐。为什么要刷同城推荐呢？这是为了让抖音后台系统记住你的位置，避免平台对你的账号进行误判，认为你的账号是机器人操作的，然后对你的账号进行降权，甚至封号的惩罚。所以不管同城推荐上面的内容有没有与你同领域的，都时不时刷一下，点击视频看一下。

（5）看同领域的直播。这个操作没有那么重要，运营者有时间就做，没有时间也可以不做。一般来说，观看同领域的直播可以让运营者学习到很多东西，比如吸引抖音用户的经验和技巧，从而增加你的带货、卖货能力。尤其是新手，最好是能多看看别人的直播，避免走弯路。

运营者想要查看抖音直播内容可以登录抖音短视频平台，点击"直播"按钮，如图 1-40 所示，然后进入"更多直播"页面搜索自己领域的直播。图 1-41 所示为以"家纺"为关键词搜索时出现的直播内容。

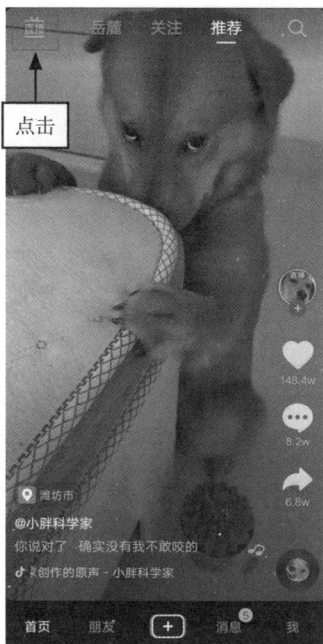

图 1-40　点击"直播"按钮

图 1-41　以"家纺"为关键词搜索

（6）维持抖音的正常使用频率。这个动作是为了提醒大家要经常打理自己的账号，不要发一条内容之后就不管了，然后等到半个月甚至是几个月再发一次，这样的账号会被系统判定为非正常运营的账号，基本得不到抖音平台的推荐，最后只能是放弃这个账号。

（7）不要频繁地登录和退出账号。当运营者频繁地登录和退出自己的账号时，系统极有可能会判定你的抖音号运营异常，然后账号就会变得非常敏感，如果后面运营者要发布广告可能会被平台惩罚。

还有一点这里提醒大家，在抖音企业号的运营过程中，运营者最好是遵循 1 机 1 卡 1 号的原则，即 1 个手机最好只配 1 张手机卡，只注册并登录 1 个抖音号。尤其是运营者为了能够提高企业曝光度，想要注册几个账号一起为企业宣传的，这一点一定要注意。

（8）点击查看抖音识别好友。一般运营者注册抖音账号时，抖音系统会根据运营者抖音号的关联账号识别通讯录好友。比如，有的运营者利用自己的手机号码注册了抖音号，那么当他登录抖音账号，点击进入"消息"界面，就可以看到在"推荐关注"板块中有抖音系统识别手机通讯录及推荐给他的好友，如图 1-42 所示。

图 1-42　查看通讯录好友

（9）持续稳定地登录抖音号。在养号的过程中，当你用正常的频率去刷抖音时，你一定要在看完一条视频后再点赞和评论，不要看都不看视频就直接点赞，并且还每一个都点赞。这样，抖音平台的系统也可能会认为是机器人在操作，导致你的账号受到损失。

对于养号要养到什么程度比较好这个问题，其实没有特别清晰的规定。对于运营领域比较广泛的运营者，一般来说，当你刷抖音的时候，抖音给你的推荐内容能够达到 50% 左右是你同领域的内容，这样养号就算是成功了。但是如果运营者运营的领域比较偏门，可能抖音上发布同领域内容的账号并不多，那么等抖音给的推荐内容能够达到 20% ～ 30% 就算是养号成功了。

—— 4 种养号行为，避免账号降权 ——

在上一节中介绍了提高账号权重的几个操作，本节介绍降低权重的几种行为。在抖音的运营过程中，运营者如果不注意就有可能会受到账号降权的处罚，尤其是在账号的养号期间，这些行为一定要避免。

（1）频繁更换账号信息。运营者在修改账号信息之前，先去看看抖音的社区规范，里面的各种运营规范写得很清楚，什么可以用，什么不可以用。一般来说，在账号的注册期间，也就是养号之前的那段时间，可以按照平台的相关规定更改账号信息，这并不会影响权重。

但是如果进入养号阶段，运营者就不要再去更改自己的账号信息，因为你修改了信息之后，抖音平台会对你的信息进行审核，而频繁地修改账号信息，就会被抖音系统判定为运营异常，导致你所运营的这个账号被系统降权，影响你后面的运营和变现。

（2）同一个 Wi-Fi 登录多个抖音号。这和前面讲到的一机一卡一号的问题，其实差不多。当你用同一个 Wi-Fi 登录很多的抖音号时，抖音的后台系统可能会觉得你在同时运营多个抖音号，然后判定运营者为机器人，导致你的账号被降权。所以运营者应注意这个问题，最好不要同时登录多个抖音号，避免被系统误判导致账号受损。

（3）养号期间随意发内容。运营者如果决定先养号，把号养好了之后再运营，就不要急于发内容吸引粉丝，尤其是在养号期间。因为在运营者养号的这段时间，抖音平台会对你的账号权重进行重新审视，如果你随意发一些内容，特别硬广，抖音系统检测到后就会给你的账号降权。

（4）频繁重复同一行为。比如频繁地点赞和评论，还有一些运营者会因为懒得打字，而将一条评论复制给所有的视频，这种行为抖音系统肯定会把你当成机器人，然后对你所运营的账号做出降权处罚。

（五）注意运营违规，规避平台封号

上一节的内容总结了在养号期间会对账号造成损害的一些动操作行为，本节介绍在整个企业号的运营过程中必须注意的问题，因为这些问题的出现可能会导致账号被平台封号。

—— 大规模的营销，影响账号质量 ——

有一些运营者为了尽快地大规模地吸引用户的眼球，获得高点赞和高推荐，会直接在平台上发布多个雷同视频，还有些甚至会夹杂硬广和垃圾广告。虽然抖音平台对企业号的审查没有像对个人号的审查得那么严格，但是运营者这样做不仅会造成流量的浪费，而且还会影响抖音平台的整体视频质量，这是抖音平台所不允许的。

所以抖音平台出台了规定来限制这种行为，即禁止使用大量用户资料信息相同或相近的账号，禁止包括但不限于使用大量用户资料信息相同或相近的账号发布同质化、低质化的内容进行营销，如果违反此条规则就会被封号。

—— 通过消息提醒，发布营销信息 ——

抖音中有一些商业广告的运营者自作聪明，在一些"大V"或者是网红的账号中，通过评论和@功能来发布营销信息，这种营销行为不仅当事人烦，粉丝烦，过来认真看视频、写评论的人也烦。这是一种骚扰平台用户的行为，抖音平台是不允许的。

抖音的规范中就有一条是禁止包括但不限于通过消息提醒（如私信、评论、@功能等）发布营销信息骚扰平台用户的行为，所以运营者们不要急功近利而不顾平台的规范。

—— 通过公关区域，进行营销行为 ——

运营者想要开通企业号需要有企业的营业执照，正因如此蓝V的企业号本身就具有了一定的商业属性，所以抖音平台在对企业号所发布的内容审核方面会宽松一些。但是对于在"公共区域"发布过度营销信息的账号，抖音平台会严肃处理。抖音出台的规定要求：不得在公共区域发布过度营销信息，这里的"公共区域"包括但不限于头像、背景图、签名、名字。所以，企业号运营者在进行推广和宣传时，不要投机取巧，要按照平台的规定和要求来发布内容，不然会得不偿失。

第.**2**.章
认证成为蓝 V，
获取运营特权

与抖音个人号不同，抖音企业号是一个企业向外宣传的窗口。因此，抖音企业号运营起来通常要比抖音个人号复杂一些。

一 设置蓝 V 账号，赢得营销未来

如今，品牌营销"台风"——"抖音美好"已经在全网登陆，涉及吃、穿、住、行等，强势覆盖用户生活的方方面面。"抖音 + 各大品牌"的跨界合作，势必在短视频营销领域掀起浪潮。

抖音更是重磅推出了"企业认证"功能，这一重大举措无疑为平台的生态赋予了更强大的能量。具体来说，抖音"企业认证"是抖音针对企业诉求提供的"内容 + 营销"平台，为企业提供免费的内容分发和商业营销服务。

现如今，在抖音上存在的企业号，很少有头像上不带"V"字样的。而且通过认证的企业号，还可以在彰显企业身份、获得权威信用背书的同时，进入上亿用户的心中，种下潜在"N 次传播"的种子，赢得短视频营销的未来。

—— 蓝 V 号的价值，4 个方面体现 ——

抖音企业号可以帮助企业紧跟用户，借助平台设计的承接企业营销价值的多种功能，实现价值闭环。再加上抖音短视频平台具有信息密度高的特点。因此，无论用户在抖音平台的历程长短如何，企业均可通过抖音企业号实现价值落地，满足自身的宣传和营销的诉求。具体来说，抖音企业号的价值落地体现在以下4 个方面。

1 品牌价值

通过企业号的认证方式，可以保证品牌账号的唯一性、官方性和权威性。通过认证后，企业可以将抖音企业号作为固定的抖音阵地，发挥品牌的影响力，通过抖音的传播，获得更大的影响力。另外，认证通过的抖音企业号的主页定制功能，也能让宣传推广获得更好的效果，从而充分发挥品牌的价值。

2 用户价值

对于企业来说，每一个抖音企业号的关注者都是目标用户。如果能够挖掘关注者的价值，则可以充分发挥粉丝的影响力，实现用户对品牌的反哺。而抖音企业号可以通过粉丝互动管理，粉丝用户画像，让内容触达用户，从而为用户营销提供全链路的工具，更好地实现用户价值。

3 内容价值

抖音企业号拥有更丰富的内容互动形式、更强的内容扩展性，因此能够更好地符合用户的碎片化、场景化需求，让更多用户沉淀下来，并在与企业的互动过程中，充分发挥价值，为品牌目标的实现助力。具体来说，企业可以借助日常活动、节点营销和线下活动，更好地实现抖音企业号的内容价值。

4 转化价值

抖音企业号可以通过多种途径实现从种草到转化的闭环，最大限度地发挥营销短路径的优势。利用抖音企业号的视频入口、主页入口和互动入口，企业可以让抖音用户边看边买，实现企业的转化价值。

—— 准备认证资料，信息真实有效 ——

如果说让孩子不输在起跑线，需要的是给他一个好的教育平台，那么让品牌营销不输在起跑线，需要的则是一个好的投放平台。

然而放眼望去：微信公众号点击率再创新低，与微信大 KOL（Key Opinion Leader，关键意见领袖）居高不下的投放价格形成了鲜明对比；而微博这个以话题性和互动性著称的媒体平台，现如今沦为明星们闹八卦绯闻的传声筒和刷粉丝流量的"温床"。所以，当越来越多的企业都将目光投向抖音平台时，我们也就不会大惊小怪了。

抖音已不仅是普罗大众分享美好生活的舞台，而且成为企业主们品尝营销红利的"乐土"。开通企业账号后，将获得官方认证标识，并使用官方身份，通过视频、图片等多种形态完成内容营销闭环。抖音后续还将推出自定义主页头图、链接跳转、视频主页置顶等多款营销及内容创作工具。图 2-1 所示为"荣耀手机"抖音号的企业认证标识。

图 2-1　荣耀手机抖音号的企业认证标识

2018 年 6 月 1 日起，企业认证将开启平台认证打通，包括今日头条、抖音短视频、火山小视频（抖音火山版）三大 App，即一次认证，享受三大平台的认证标识和专属权益。6 月 1 日前已通过今日头条 App、抖音短视频 App 认证的企业主，可通过账号关联的方式将认证信息同步至另一平台。

同时，6 月 1 日起，申请企业认证的审核费将上调至 600 元 / 次。企业认证在给企业提供服务的同时，也会进一步规范平台运营并增强企业账号的公信力。为此，抖音引入了第三方专业审核机构，审核账号主体资质的真实性、合法性、有效性。这样做既能维护企业的形象，又能保证用户的合法权益。

由于企业账号在不同平台的账号信息、认证信息存在不一样的情况，审核机构需要审核的资质内容也因平台数量增加而增加，因而需要进行认证费用的调整。通过此次服务的升级，使各企业在多平台最大限度地释放企业服务，多平台树立品牌形象！企业认证需要准备材料，如图 2-2 所示。

3份材料开通企业认证

营业执照彩色扫描件　　申请公函加盖公章彩色扫描件　　对公账户打款截图

注：申请公函可以在今日头条申请页面下载，亦可由头条易客服提供

图 2-2　企业认证需要准备材料

哪些企业不可以进行认证？

（1）营业执照的经营范围不包括财经、法律等类别，运营者申请相关分类的企业账号将不予通过。

（2）公司资质、账号信息（昵称、头像、简介）涉及医疗健康类、博彩类、互联网金融类、微商，不予通过。

（3）公司资质、账号信息（昵称、头像、简介）涉及信托、私募、枪支弹药、管制刀具、增高产品、两性产品，不予通过。

（4）营业执照的经营范围涉及以下内容的不予通过：偏方、艾灸、艾方、临床检验、基因检测、血液检查、生殖健康（药物、胶囊、用剂，如私处紧致用品）、整容整形（半永久、脱毛、文身、疤痕修复、烧伤修复）。

—— 确认认证步骤，个人号变蓝 V ——

企业注册抖音号之后，都可以选择通过企业认证，将普通的抖音号变成企业抖音号。那么，企业抖音号怎样认证呢？具体步骤如下。

▶▶ STEP01　登录抖音短视频平台，进入"我"界面，❶点击该界面中的▬按钮，弹出新的菜单栏；❷选择菜单栏中的"创作者服务中心"选项，如图 2-3 所示。

▶▶ STEP02　进入新的界面，点击该界面中的"官方认证"按钮，如图 2-4 所示。

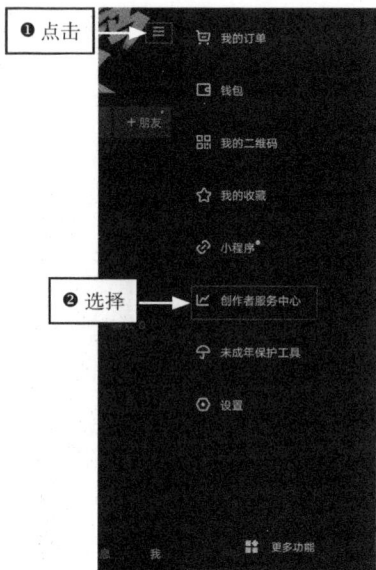

图 2-3　选择"创作者服务中心"选项

图 2-4　点击"官方认证"按钮

▶▶ STEP03　进入"抖音官方认证"界面，点击"企业认证"后面的"极速审核"按钮，如图 2-5 所示。

▶▶ STEP04　进入"企业认证"界面，点击界面中的"开始认证"按钮，如图 2-6 所示。

图 2-5　点击"极速审核"按钮

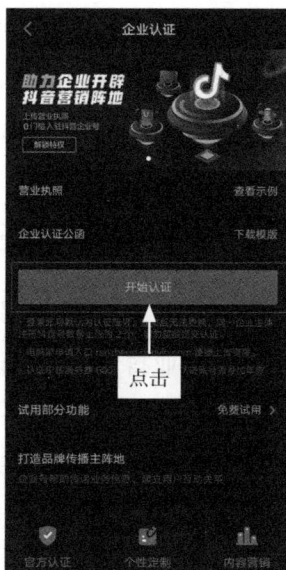

图 2-6　点击"开始认证"按钮

▶▶ STEP05 进入资质审核界面，在该界面中提交企业营业执照、认证申请公函，输入手机号码、验证码和发票接收邮箱等信息，如图2-7所示。注意：信息必须真实有效，不可弄虚作假，抖音平台对这方面的要求比较严格。

图2-7 企业资质审核界面

企业营业执照，正规企业都有，这个要提交很简单。但是，部分抖音运营者对于认证申请公函可能会有一定的疑问。其实运营者可以在"认证申请公函"一栏找到"下载模板""查看示例"两个按钮，根据自己的需求点击这两个按钮，进行下一步的操作。

▶▶ STEP06 全部信息填写完成后，选中下方的"同意并遵守"单选按钮，然后点击"提交"按钮，如图2-8所示。在提交后，抖音运营者需要提交600元的审核费用，然后等待企业认证审核通过，通过之后即可获得相关的权益。

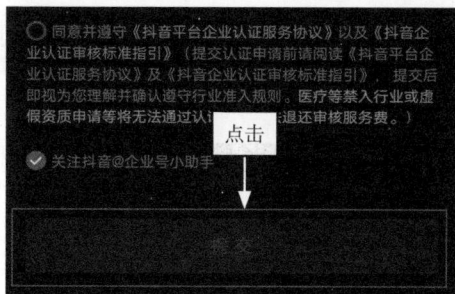

图2-8 点击"提交"按钮

—— 关于账号名称，降低认知成本 ——

抖音企业号的注册和个人抖音号的注册相同，抖音用户之所以区分个人抖音号和抖音企业号，主要是依靠两者名称或者昵称的差异。因此，昵称的设置对于抖音企业号来说就显得非常关键。

由于抖音昵称不允许重名，而且企业认证采取先到先得的原则，这就意味着你喜欢的企业号昵称很可能被其他企业号抢占！一个信息描述准确、有代表性的企业号昵称，能够为企业大大降低认知成本。

在为企业号起昵称时，需要注意如下几个问题。

（1）昵称应为基于公司、品牌名、产品的全称或者无歧义简称，但要谨慎使用简称，如"小米"应为"小米公司"；"keep"应为"keep 健身"，尤其是易混淆类的词汇，必须添加后缀（如公司、账号、小助手、官方等）。具体业务部门或分公司不得使用简称，如"美的电饭锅"不得申请"美的"。

（2）不得以个人化昵称认证企业账号，如××公司董事长、××公司 CEO、××小编等；或系统默认 / 无意义昵称，如"手机用户 123""abcd""23333"。涉及名人引用但无相关授权的无法通过审核。

（3）如体现特定内容，需结合认证信息及其他扩展资料判定。涉及应用类，提供软著（软件著作权），如"下厨房 App"需提供软著；涉及网站，提供 ICP 截图；涉及品牌及商标，提供商标注册证，如"雅诗兰黛"需提供商标注册证明。

（4）昵称宽泛的不予通过。拟人化宽泛，如"小神童"；范围宽泛，如"学英语"；地域性宽泛，如"日本旅游"，这些都不予通过。用户品牌名 / 产品名 / 商标名涉及常识性词语时，如"海洋之心"，必须添加后缀，如××App、××网站、××软件、××官方账号等，否则无法通过审核。

（5）昵称中不得包含"最""第一"等广告法禁止使用的词语。

二 运营更有价值，4 个账号特权

企业号认证完成之后，该企业号可以拥有 4 个方面的特权，即独特外显特权、营销转化特权、客户管理特权、数据沉淀特权。正是因为蓝 V 企业号拥有这

4 个特权，所以它的运营比一般的个人更有价值。

—— 独特外显特权，4 个部分展示 ——

首先是蓝 V 企业号的独特外显特权，主要分为 4 个部分，具体如下。

（1）显示蓝 V 标识，抖音用户看到该标识后就知道这是一个抖音企业号。比如，在"OPPO"的抖音账号主页的账号名称下方有一个蓝色的显示图标，这个显示图标的意思就是该账号为蓝 V 企业号，如图 2-9 所示。

（2）流量导入更直接。当用户在以关键词搜索你所在企业的名字时，进行企业认证的账号会被优先推荐给用户，这样曝光的机会比较大，导入的流量自然也就会比较多。比如，当抖音用户在搜索"vivo"时，搜索结果排在最上方的就是进行了企业认证的抖音号，如图 2-10 所示。

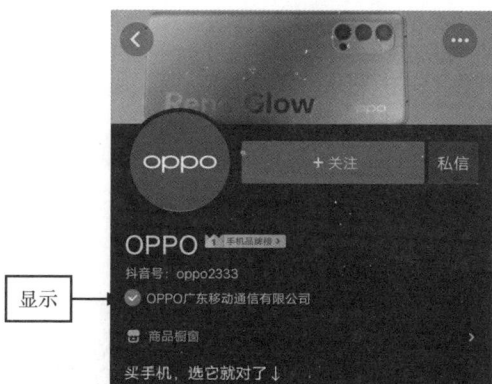

图 2-9　显示蓝 V 标识

图 2-10　搜索置顶

（3）名字唯一。抖音官方为了保护企业的合法权益，只要是进行了企业认证的抖音账号名称，别人就不可以再用。

（4）可选择 3 个优质视频置顶。那么企业号运营者将什么样的视频置顶会比较好呢？一般来说，运营者最好选择播放量高、传播率高、带有自己联系方式的视频去置顶，这样能给进入账号主页的用户留下比较深刻的印象，也能及时联系。图 2-11 所示为企业号设置的 3 个置顶视频案例。

图 2-11　设置 3 个置顶视频

── 营销转化特权，4 个方面内容 ──

关于蓝 V 企业号的营销转化方面的特权主要包括 4 个方面的内容，即拥有外链按钮设置权、拥有电话直接呼叫的组件、拥有单独的商品页、借助 DOU+功能进行推广，具体如下。

（1）拥有外链按钮设置权。这个特权可以支持运营者在自己的账号中添加其他平台的超链接，当其他用户点击该链接时就可以直接跳转到其他平台。比如，这个外链可以跳转到商家的官方。图 2-12 所示为蓝 V 企业号"路虎中国"的账号主页，用户通过点击"官网链接"按钮进入该企业的官方网站。图 2-13 所示为"路虎中国"的官方网站页面。

（2）拥有直接电话呼叫的组件。简单地说，就是运营者可以在自己企业号的账号主页添加电话号码以便其他用户联系。当运营者设置该组件之后，其他的用户只需点击相应的按钮，即可拨打相应的号码。

图 2-14 所示为抖音企业号"海尔"的账号主页，在它的账号主页中就添加了电话号码，即图中的"联系电话"，当用户有什么问题或者想要咨询产品的相关信息时就可以点击"联系电话"按钮即可获得解答。

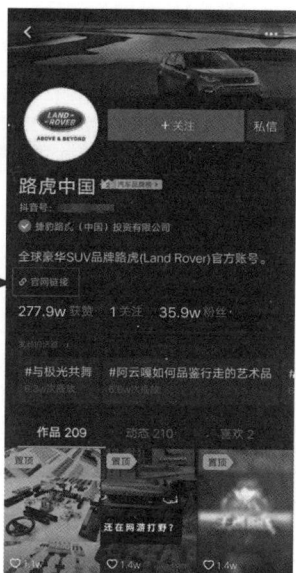

点击 →

图 2-12 "路虎中国"账号主页　图 2-13 "路虎中国"官方网站

点击 →

图 2-14 "海尔"账号主页

（3）拥有单独的商品页。企业号的商品页可以对产品的详情进行更好、更细致的展示，这个直接与利润转化挂钩。一般的个人号中有"作品""动态""喜欢"3 个分页，企业号则会多出一个"品牌"分页，给了企业更多的宣传自身产品的空间。

图 2-15 所示为企业号"PerfectDiary 完美日记"的账号主页截图，可以看到有单独的"品牌"分页，并且在该分页中有产品的详细信息。用户如果有兴趣的话，点击图片即可进入该产品的购买页面进行购买，如图 2-16 所示。

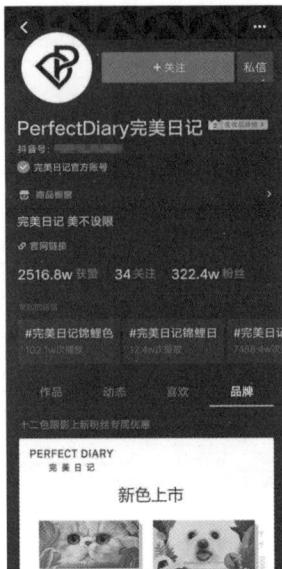

图 2-15 "PerfectDiary 完美日记"账号主页　图 2-16 跳转产品购买页面

（4）借助 DOU+ 功能进行推广。需要说明的一点是，DOU+ 功能个人号也可以使用，但是这个功能对于企业号推广来说比较重要。

—— 客户管理特权，持续跟进用户 ——

蓝 V 企业号在客户管理方面所拥有的特权，主要体现在 5 个方面，具体情况如下。

（1）企业自建 CRM（Customer Relationship Management，客户关系管理）。这个功能是个人号所不具备的，通过它可以根据用户的线索转化实现持续跟踪用户，让用户管理变得更加省时省力。

（2）私信自动回复。企业号运营者可以设置一连串的关键词回复，比如，展示企业的联系方式、自身服务范围和设置常见问题的回复等，当有用户发私信的时候，系统就会根据用户的关键词自动回复用户相对应的内容。

这样做有什么好处呢？一是可以减少工作人员的工作压力，降低人工成本；二是避免因为回应不及时而流失意向客户。

（3）评论管理优化。也就是运营者可以将比较有质量的评论或者是用户给的好评置顶，当别人点进评论时，第一时间就会看到这些好评，而这些好的评论可以帮助企业增加在别人心中的印象分，其他的用户在看到好评之后会更加愿意去了解这个企业或者产品。

（4）设置自定义菜单。自定义菜单其实就是为了满足不同企业之间的差异化需求，企业根据自己的需要去设置和管理，给用户他们想看的内容，满足大家的好奇心，能在一定程度上达到吸粉的目的。

（5）消息管理。也就是说，运营者可以根据用户的类型设置不同的用户标签，比如，给已经购买过的客户设置"已购买客户"的用户标签，给有意向购买的用户设置"意向购买"的用户标签，给过来咨询但是没有决定购买的用户设置"意向咨询"的用户标签，给打探消息的同行设置"同行"的用户标签，等等。给用户设置标签有利于运营者后续的跟进和服务。

—— 数据沉淀特权，及时了解信息 ——

抖音企业号在数据沉淀方面的特权主要也有 5 个方面，即主页数据、视频数据、运营数据、竞品数据和粉丝数据，具体情况如下。

（1）主页数据。顾名思义，就是访问你账号主页的用户数据，有多少人访问了？分别的用户属性是什么？这些都可以进行分析。

（2）视频数据。可以通过这个数据了解所发布的内容视频的互动情况，比如评论数、点赞数、转发数。这些数据都是运营者在企业号的运营中所需要密切关注的，视频数据的好坏能直接体现账号吸粉能力的高低，也为运营者在优化内容时提供了参照的方向。

（3）运营数据。通过运营数据可以了解新增粉丝情况和取消关注情况，有利于企业号运营者根据数据及时调整自己的运营方式和制作内容，减少粉丝的流失，增加新粉丝。

（4）竞品数据。查看竞品数据也是市场调查的一部分，了解竞品的整个运营状况，吸收好的创意，掌握行业趋势。知己知彼，这不仅是运营企业号成功的关键，对整个企业的发展也有举足轻重的作用。

（5）粉丝数据。通过粉丝数据可以让运营者了解目标用户的需求，提高企业的营销转化率。

三 积累账号粉丝，6 种常见玩法

抖音企业号认证完成后，即可进行账号的运营工作。那么，抖音企业号要如何进行运营呢？本节将介绍抖音企业号的 6 种常见玩法，帮助大家快速积累账号粉丝，提高品牌的知名度。

—— 产品作为重点，吸引用户目光 ——

对于一个企业来说，产品无疑是营销的核心之一。而且用户对于一个企业的认知，很大程度上也来自其生产的产品。针对这一点，在企业抖音号的运营过程中，运营者可以将产品作为重点的展示内容，通过产品吸引用户的目光。

图 2-17 所示为企业号"华为终端"发布的一条抖音短视频。可以看到其采取的是通过展示新品手机来介绍产品的。在这则短视频中，对华为这款新手机的多个角度分别进行了展示，在增加用户对该款手机了解的同时，也从一定程度上刺激了用户对该款手机的需求。

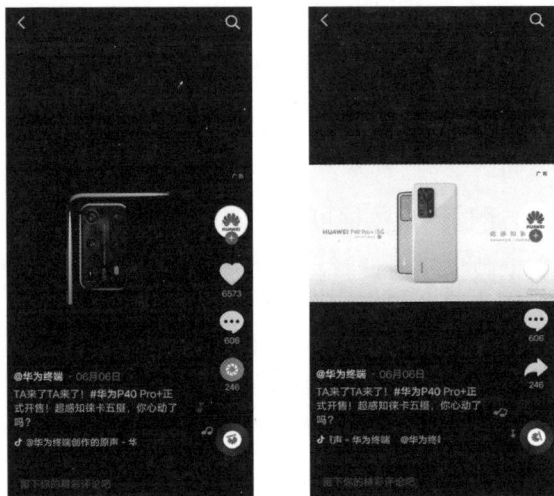

图 2-17　"华为终端"抖音号玩产品的短视频

需要注意的是，企业抖音号要想通过玩产品吸引用户的目光，还需选择合适的产品作为展示对象。一般来说，企业的代表性产品和新品通常比较适合作为展示对象。因为具有代表性的产品，代表的是企业产品的品质。而新品则可以借助抖音短视频进行很好的宣传。

—— 增加账号标签，留下深刻印象 ——

很多时候，消费者记住某个企业或品牌，都是因为其自身或其产品的标签。比如，许多人记住王老吉这个品牌，是因为"怕上火喝王老吉"这句广告语。而这句广告语给王老吉贴上了一个降火的标签。

其实，在进行抖音企业号的运营过程中，同样可以采取这种贴标签的方式，让抖音用户更好地记住企业旗下的品牌及其生产的产品，从而达到提高品牌知名度，提高产品销量的目的。

比如，百事可乐就在抖音发起了以"热爱霸屏榜"为标签的话题活动，在抖音上引起了很多用户的响应，该活动推出后视频播放量累计达到25.4亿次，如图2-18所示。这次活动成功引起了用户的兴趣，有效地增加了账号的粉丝，同时也提高了产品的营销转化率。

图 2-18　百事可乐在抖音发起的话题活动

—— 结合热点时事，快速获取关注 ——

相较于其他内容，热点内容无疑会更加吸引目标用户的目光。如果在抖音企业号的运营过程中结合当下的热点推出相关的短视频内容，便能快速获得大量用户的关注。

比如，随着热门综艺《乘风破浪的姐姐》的开播，关于姐姐们的话题就受到热议。尤其是该综艺的主题曲《无价之姐》受到了很多人的追捧，还有人模仿它的舞蹈，然后快速在各大媒体平台刷屏。在这种情况下，"无价之姐"无疑成为一个热点，也正因如此，网上出现了很多以《无价之姐》为背景音乐剪辑的视频，非常受欢迎，播放量都不低。

—— 邀请达人合作，利用网红流量 ——

如果抖音企业号刚申请不久，粉丝数量比较少，或者企业的知名度比较低，那么，很可能运营者发布了短视频，也不会有太多用户关注。这样一来，抖音企业号发布的短视频自然是很难获得比较好的营销效果。

其实，抖音企业号自身流量不足的问题可以通过一种方法得到有效的解决，那就是邀请网红达人进行宣传。这与请明星做代言是一个道理，无论是网红达人，还是明星，其共同点在于都拥有一定的粉丝量和影响力。

比如，很多的化妆品品牌就会找到美妆博主试用他们的产品，然后推荐给他的粉丝。这种宣传的效果很好，因为一般网红的粉丝黏性和信任度都比较高，而且用户可以比较直观地看到产品的效果。图2-19所示为某抖音网红为完美日记拍摄的化妆品使用短视频。

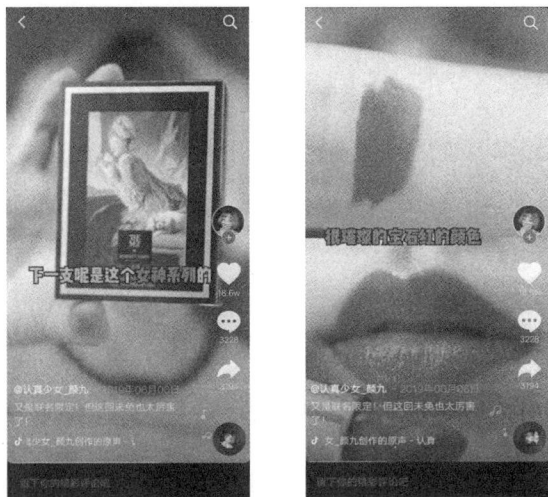

图 2-19　完美日记邀请网红达人拍摄的短视频

当然，抖音平台上的网红达人与一般的明星可能会有一些不同，这主要体现在，抖音网红达人是通过拍摄短视频发展起来的，他们拍摄的短视频通常质量比较高，对用户也更具吸引力。而且他们大多拥有大量的忠实粉丝，只要这些网红达人发布了新的短视频，粉丝们就会纷纷进行观看。

—— 推出专属特效，提高品牌名气 ——

随着抖音的发展和用户的不断增多，许多抖音电商运营者会发现一个问题，那就是越来越难拍摄出既有特色又能吸引用户参与的短视频。其实，这个问题对于抖音企业号来说很容易解决。

这主要是因为抖音企业号可以推出话题活动，并给话题活动配备专属的特效，再通过特效来增强短视频内容的特色，进而增加用户利用特效拍摄短视频的意愿。

当然，抖音企业号在推出专属特效时，也要有所思考。一个合格的专属特效应该满足两点：一是专属特效应与企业、品牌或者产品有较强的关联性，让用户一看到短视频，就能想到其对应的企业、品牌或产品；二是专属特效应具有普适性，也就是用户能利用该视频拍摄出自己的短视频，否则用户的参与积极性将难以提高。

比如，黑人牙膏曾推出"我要泡泡白"的话题活动，并为该话题活动配备了专属的特效。该特效一经使用，屏幕中会出现大量气泡，同时会显示黑人牙膏的形象，这仿佛是在告诉抖音用户，使用该牙膏后会出现人量白色的泡泡，它们会美白你的牙齿，清新你的口气。图 2-20 所示为"我要泡泡白"的话题活动。

而且该特效在用户看来非常有趣和酷炫，再加上该话题活动有一定的奖励。所以，用户在看到该话题活动后会更愿意参与。这不仅有效地宣传了黑人牙膏易起泡的特点，而且也通过话题活动提高了品牌的知名度。

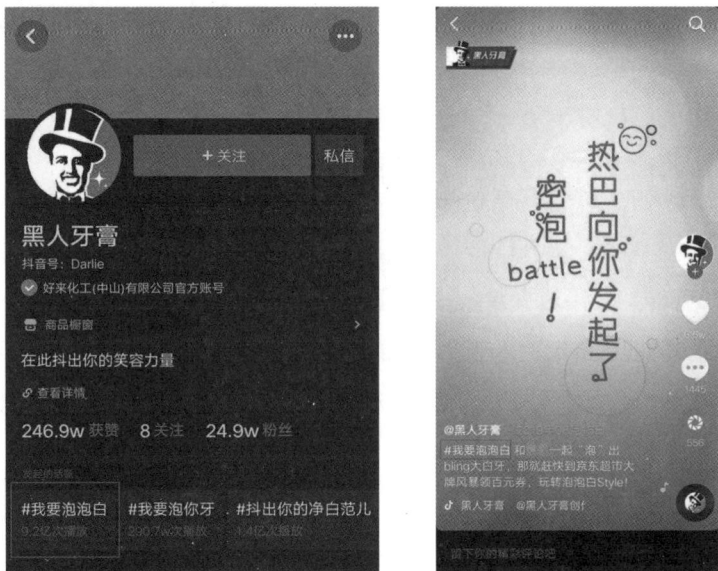

图 2-20　"我要泡泡白"的话题活动

—— 通过音乐营销，达到获利目的 ——

相比于文字内容，具有律动的音乐往往更能调动人的情绪。而且文字能表达的内容具有一定的局限性，部分用户（如外国用户）单看文字内容可能并不能完全领会短视频要表达的意思。但音乐却是国际共通的语言，即便用户对文字不甚了解，也能通过音乐大致理解短视频制作者要表达的情绪。

基于这一点，抖音企业号可以通过玩音乐来玩转抖音品牌营销。一般来说，在抖音短视频平台中玩音乐大致有两种方式，一是制作企业、品牌或产品的专属音乐；二是音乐征集活动，通过举办与音乐相关的活动来达到营销的目的。

比如，王老吉曾通过"越热越爱去创作"话题活动，推出看见音乐计划，从而征集相关的音乐，如图 2-21 所示。很显然该活动便是通过音乐征集活动，借助玩音乐来达到营销的目的。因为该互动看似只有进行音乐创作，实则在短视频文案中还需要 @ 王老吉，并且要想获奖，还需要尽可能地露出王老吉的品牌信息。

图 2-21　王老吉"越热越爱去创作"话题活动

该活动推出之后，迅速吸引了大量音乐人的参与，而许多与该话题活动相关的音乐也逐渐诞生。图 2-22 所示为音乐创作人所创作的与该话题活动有关的音乐，受到很多用户的喜爱。

图 2-22　音乐创作人创作与话题活动相关的音乐

四 运营注意事项，4 个方面解读

虽然都是抖音号，但个人号和企业号存在很大差别，这主要体现在目标和内容上。

（1）目标的差异。做个人号更多的是以获取流量为主，核心目标是提高播放量，比较看重粉丝的数量，注重个人影响力范围。

而企业短视频营销目标一般有两种：一种是曝光品牌，将更多关注点放在如何提高产品的曝光度上，为品牌进行造势，让受众对品牌产生印象，更注重刷"存在感"；另一种则是以精准获客和转化为目的，比如一些电商企业，以短视频形式来获取精准和忠诚的用户，进而转化为高客单价的客户。

（2）内容的差异。由于目标不同，企业号和个人号自然在内容策划上就有了十分明显的差异。

比如，企业短视频应该会更多地思考"如何围绕品牌讲一个故事""如何将产品融入剧情"等问题。并且，企业短视频的定位和效果达成，不仅仅是为了确定内容方向，更是为渠道铺设奠定基础，只有内容确定之后，我们才能以此作为依据，确定内容适合的渠道。

正是因为企业号和个人号之间的差异，所以，企业号的运营相比于个人号还是有一些区别的。那么，在运营企业号的过程中要注意哪些事项呢？本节将重点对这 4 个方面的内容进行解读。

—— 配备专业团队，运营有条不紊 ——

个人号拍摄的短视频相对来说可能随意一些，只要看到一些新奇的内容，个人号运营者便可以拍下来，上传至抖音短视频平台。而企业号作为企业的一个宣传窗口，其发布的短视频内容都代表着企业的形象。因此，企业号拍摄的内容通常都需要进行前期策划。

当然，企业号的运营除了短视频内容的策划之外，还涉及具体内容的拍摄，以及对账号粉丝的运营等。很显然，企业号的运营是一个复杂、系统的工程，如果将运营的全部工作交给某个人肯定是不行的。那么，怎样保证企业号的正常运作呢？

笔者认为，还要为企业号配备专业的运营团队，让专业的人来做专业的事。具体来说，为企业号配备专业的运营团队又需要重点做好两个方面的工作，即组建运营团队和进行团队分工。

1 组建运营团队

要组建一个专门的企业号运营团队，首先需要对企业号的运营工作进行分类，了解各部分工作对人员能力的需求。然后，根据运营工作对能力的具体需求去寻找合适的人选，并将合适的人员固定下来，组成一个完整的团队。

在此过程中，需要特别注意的是，一定要按照要求去选择人员，找到合适的人选，而不能为了省事就随便找人凑数。因为每个运营人员都有需要完成的工作，一个企业号的成败与每一个运营人员都有关系，如果运营人员的素质达不到要求，企业号在运营过程中很可能会出现各种各样的问题。

2 进行团队分工

运营团队组建完成后，接下来要做的就是对团队进行分工，确定每个运营人员的具体工作。一般来说，企业号的运营工作可以分为以下 3 个部分。

（1）内容策划。一个抖音短视频能否获得成功，关键还在于内容。因此，对于企业号来说，短视频内容的策划非常关键。内容策划涉及方方面面，不仅包括短视频的创意，更包括短视频中的各种具体内容，如出镜的人员、场景等，这些都必须在短视频拍摄之前确定下来。

（2）内容拍摄。内容的拍摄主要是将前期策划的内容变成短视频内容。这不仅要求根据内容策划进行拍摄工作，为了让短视频的内容更具表现力，还需要对短视频拍摄的各种参数进行设置，并对拍摄完成的短视频进行必要的后期处理。

（3）账号维护。账号维护人员主要负责与粉丝进行沟通，包括回复消息和评论，以及账号信息的设置，通过加强与粉丝的联系，增强粉丝的黏性。部分账号维护人员还需要负责短视频的上传与信息编辑工作。

—— **明确品牌标签，掌握运营法则** ——

什么是品牌的标签？简单来说就是一个容易被人记住的品牌的特点，就像是个人的人设一样，日常生活中比较常见的人设应该是娱乐圈明星的人设。比如，某女星的"吃货"人设等。明确品牌的标签实际上就是抢占认知，让受众看到某个标签后就能想到你的品牌。

也可以说，品牌标签是品牌向外界展示的一个标签。一个品牌打造的标签能够在潜在消费者心中留下深刻的印象，从而刺激更多消费者购买该品牌旗下的各种产品。品牌标签的打造有两个关键点：一是打造的标签要有独特性，也就是当前市场上没有的，能区别于竞争对手的标签；二是品牌的标签要与品牌自身的特性有一定的关系，那些胡乱编造的标签是没有说服力的。

正是因为品牌标签的抢占认知作用，所以许多品牌都开始打造属于自己的品牌标签。在众多企业中，"小米"绝对是品牌标签打造得比较成功的企业。一说起"小米"，绝大多数人的第一印象就是产品性价比高。特别是"小米"手机，与市面上三四千元的手机配置相同的"小米"手机可能只要 2000 元左右。

这主要是因为"小米"从一开始打造的就是高配低价的品牌标签，"小米科技"CEO 的观点是："小米"不靠硬件赚钱。而这个品牌标签也起到了很好的作用，"小米"受到了国内大量用户的拥护，拥有大量的"米粉"。当然对于企业来说，品牌标签建立之后，还要用心维护，一旦人设崩了，就会产生难以想象的后果。

例如，某男星在大众的印象中一直都是积极阳光的大男孩形象。也正因如此，"小米 9"邀请他作为代言人，目的是塑造"小米 9"年轻、时尚的气质。然而，就在成为"小米 9"代言人之后不过短短几个月，他便被爆出在公共场合吸烟的新闻，而且看其抽烟的姿势，显然是老手了。该新闻一出，他之前塑造的正面形象顷刻之间崩塌，而其代言的"小米 9"也因此跌出"历史低价"。

虽然明星的人设崩塌并不是小米造成的，但是小米却要为此承担严重的后果。这也在警示企业，做品牌标签时不仅要做好自身的形象维护，也要对代言人进行严格的挑选。毕竟代言人也是品牌的一个重要招牌，一旦代言人出现了不好的新闻，其代言的品牌或多或少会受到一定的影响。

—— 把控发布节奏，留住来往用户 ——

企业号发布的短视频内容大多数都带有营销的属性，这本身就容易让用户不太愿意关注。如果在企业号的运营过程中还三天打鱼、两天晒网，很长时间不发布新的短视频内容。那么，企业号好不容易获得的粉丝也会慢慢流失。毕竟在用户看来，如果一个账号很久都不更新内容，其包含的价值也会大打折扣。

因此，在企业抖音号的运营过程中一定要把握内容的发布节奏，适时地发布新内容，让用户知道你的账号还在运营的过程中。当然，不同的内容发布的节奏有所不同，在发布过程中，还需根据内容所属的类别把握节奏。

一般来说，热点型内容都具有一定的实效性，因为热点的热度只会持续一段时间。对于这种内容，抖音企业号需要尽快发布，要知道，你早一秒发布，就能早蹭一秒的热度。而一旦热度过去了，短视频的流量有可能会大幅减少，而短视频的营销效果也将大打折扣。

连续性内容包含多个短视频，对于这一类内容可以选择一定的频率在相对固定的时间发布，让用户养成观看短视频内容的习惯，并通过一系列短视频在用户心中打造企业、品牌和产品的鲜明形象。而具有广告导向的短视频内容，则应该配合品牌的关键营销节点进行集中投放，快速将企业、品牌和产品的相关信息传递给潜在消费者，从而在短期内助力品牌的爆发式增长。

—— 内容策划过程，注意细节问题 ——

企业在策划视频过程中，需要注意哪些细节？应从哪些方面着手呢？笔者认为，最重要的就是拍摄脚本的策划，是剧情类、知识类，还是开箱测评类？

如果企业的视频只是简单呈现了产品的功能或外观，那么拍出来的跟淘宝上常见的商品视频就没有什么区别了，就像一个干干巴巴的说明类视频。这样的视频，即使画面再精美，也没有办法在众多短视频中脱颖而出，让人印象深刻。

因此，企业要更多考虑怎样通过短视频提高商品的溢价，让买家对商品感兴趣，继续关注商品。所以，企业短视频需要通过策划挖掘出核心价值。那么在挖掘核心价值时，企业应从哪些方面着手呢？主要有以下4点。

（1）有感染力。短视频的核心价值一定要有感染力，即价值要能够触动买家的内心，让买家与其产生共鸣。

（2）有差异化。核心价值与同类产品要有差异化，既要别具一格，也要有合情、合理的优点。

（3）包容力和敏感性。核心价值要具备包容力和敏感性，即要有一定的深度，要经得起推敲，让买家回味无穷。

（4）提升品牌的溢价能力。核心价值要可以提升品牌的溢价能力，即能够让品牌在同类产品中卖出更高的一个价格。

第 . **3** . 章

打造爆款视频，
吸引用户无数

对于个人号运营者来说，爆款视频是吸粉的最佳绝招。对于企业号运营者来说也是如此。所以在内容的选择、视频的制作方面绝不可以掉以轻心。本章将介绍如何制作出爆款视频，希望能帮助大家。

一 制作热门内容，3 点基本要求

运营者想要自己制作火爆的内容，从而为账号吸引更多的粉丝，那么就需要了解抖音视频上热门的一些基本要求。本节重点介绍其中的 3 点要求，即抖音热点、用户习惯、剧情反转。

—— 紧抓热点话题，提升视频关注 ——

很多视频号的用户发布的内容都是原创，制作方面也花了不少心思，但是却得不到平台的推荐，点赞和评论都很少，这是为什么呢？

其实一条视频想要在视频号上火起来，除了"天时、地利、人和"以外，还有两个重要的"秘籍"，一是要有足够吸引人的全新创意，二是内容的丰富性。要做到这两点，最简单的方法就是紧抓热点话题，丰富自己账号短视频的内容形式，发展更多的新创意玩法。

蹭热点可以大大增加视频上热门的机会，所以每当有新热点出现时，无论是个人号的运营者，还是蓝 V 企业号的运营者，都不会错过这个机会。运营者要注意最近有什么新的热点出现，以便抓住时机让自己的视频得到更多人的关注。运营者可以点击登录抖音平台，点击"搜索"按钮，如图 3-1 所示。

进入搜索界面，在该界面有一个热点榜，如图 3-2 所示。运营者可根据自己的账号定位和产品的具体情况选择合适的热点来制作短视频，提升视频的关注度。

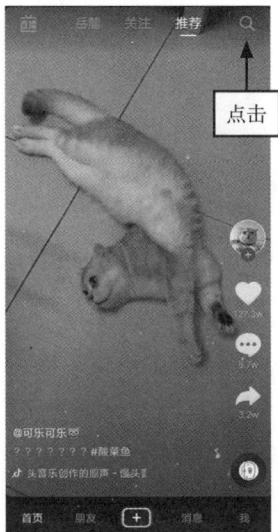

图 3-1　点击"搜索"按钮

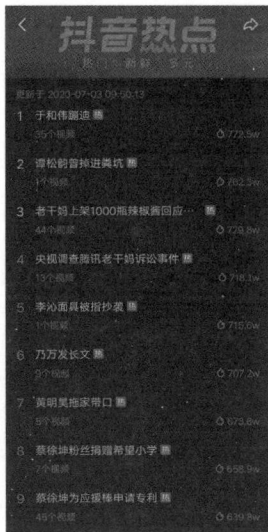

图 3-2　抖音热点榜

—— 遵循用户习惯，争取最好效果 ——

运营者想要自己的视频获得更多的推荐就需要了解抖音用户的观看习惯，然后遵循他们的习惯来制作视频。同样的作品在不同的时间段发布，效果肯定是不一样的，因为抖音的流量高峰期人多，所以你发布的作品就有可能被更多人看到。如果运营者一次性录制了好几个视频，千万不要同时发布，每个视频发布时中间至少要间隔一个小时。

另外，发布时间还需要账号运营者结合自己的目标客户群体的时间，因为职业的不同、工作性质的不同、行业细分的不同以及内容属性的不同，发布的时间节点也会有所差别，因此账号运营者要结合内容属性和目标人群，选择一个最佳的时间点发布内容。再次提醒，最核心的一点就是在人多的时候发布，得到的曝光和推荐会大很多。

据统计，饭前和睡前是抖音用户最多的使用场景，有 62% 的用户会在这段时间内登录抖音刷短视频；10.9% 的用户会在碎片化时间刷抖音短视频，比如上卫生间或者上班和下班的路上。像睡前、周末、节假日这些时间段则是刷抖音人数最多的时候，用户的活跃度非常高。所以，建议大家最好将发布时间控制在以下 3 个时间段，如图 3-3 所示。

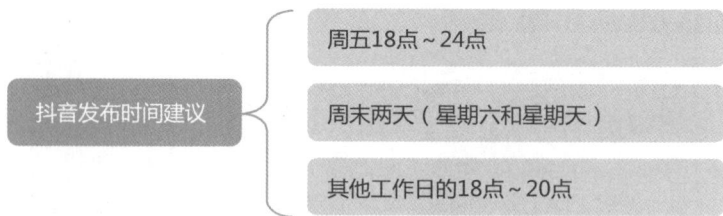

图 3-3　抖音发布时间的建议

—— **具备极强反转，打破常规思维** ——

　　拍摄短视频时，出人意料的反转，往往能让人眼前一亮。在策划时要打破常规惯性思维，使用户在看开头时猜不到结局的动向。当看到最终结果时，豁然开朗，忍不住为其点赞。

　　比如，某抖音号发布的一则短视频因为具有极强的反转性而获得很多用户的喜爱，该视频说的是高铁上占别人座位的事情。刚开始的时候有个乘客 A 拿着车票说乘客 B 占了他的座位，让他让开，然后乘客 B 就让给了乘客 A。本来视频到这里大家都觉得是个普通的故事，后半部分剧情就反转了，原来这个座位本来就是乘客 B 的，乘客 A 坐错了车，这个故事瞬间就变得有趣了。图 3-4 所示为该抖音号发布的短视频。

图 3-4　反转的短视频

二. 写出吸睛标题，8 种写作技巧

在企业号的运营过程中，标题的重要性不言而喻。一个标题的好坏会影响视频播放率的高低，下面从 8 个方面给大家介绍如何写作标题才能吸引更多的用户观看短视频。

—— 直接抛出诱饵，了解用户心理 ——

福利型的标题是指在标题上向受众传递出一种"查看这个短视频你就赚到了"的感觉，让用户自然而然地想要看完短视频。一般来说，福利型标题准确地把握了用户占小便宜的心理需求，让用户一看到"福利"的相关字眼就会忍不住想要了解短视频的内容。

福利型标题的表达方法有两种：一种是比较直接的方式；另一种则是间接的表达方式。虽然方式不同，但是效果相差无几，如图 3-5 所示。值得注意的是，在撰写福利型标题的时候，无论是直接型，还是间接型，都应该掌握 3 点技巧，如图 3-6 所示。

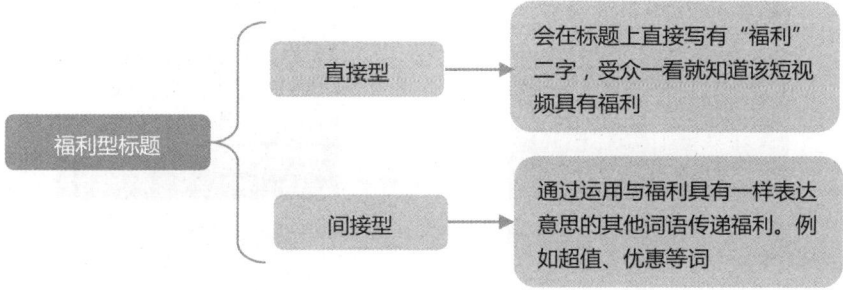

图 3-5　福利型标题的表达方法

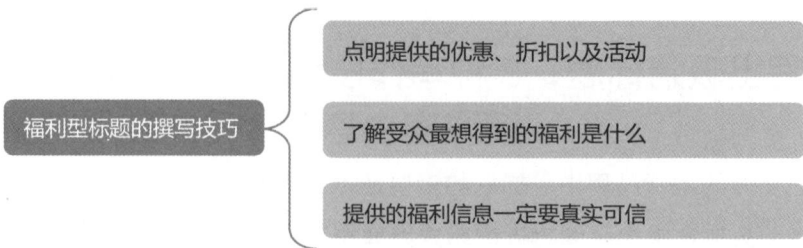

图 3-6　福利型标题的撰写技巧

　　福利型标题有直接福利型和间接福利型两种不同的表达方型，不同的标题案例有不同的特色，接下来，我们就一起来看看这两种福利型标题的经典案例。图 3-7 所示为直接福利型标题；图 3-8 所示为间接福利型标题。

图 3-7　直接福利型标题　　　　　图 3-8　间接福利型标题

　　这两种类型的福利型标题虽然稍有区别，但本质上都是通过"福利"来吸引受众的眼球，从而提升短视频的播放率。福利型标题通常会给抖音用户带来一种惊喜之感，试想，如果短视频标题中或明或暗地指出含有福利，你难道不会心动吗？所以运营者不要小看福利型标题的影响力。

　　福利型标题既可以吸引用户的注意力，又可以为用户带来实际利益，可谓是一举两得。当然，在撰写福利型标题的时候也要注意，不要因为侧重福利而偏离了主题，而且最好不要使用太长的标题，以免影响短视频的传播效果。

—— 传授实用技巧，抓住用户需求 ——

价值型标题是指向用户传递一种只要查看了短视频后就可以掌握某些技巧或者知识的信息。这种类型的标题之所以能够引起受众的注意，是因为抓住了人们想要从短视频中获取实际利益的心理。许多用户都是带着一定的目的刷抖音，要么是希望短视频含有福利，如优惠、折扣；要么是希望能够从短视频中学到一些有用的知识。因此，价值型标题的魅力也是不可阻挡的。

在打造价值型标题的过程中，往往会碰到这样的一些问题，比如："什么样的技巧才算有价值？""价值型的标题应该具备哪些要素？"等。那么，价值型的标题到底应该如何撰写呢？笔者将其经验技巧总结为3点，如图3-9所示。

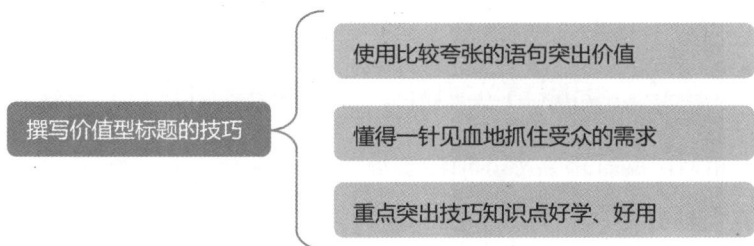

撰写价值型标题的技巧 —— 使用比较夸张的语句突出价值

懂得一针见血地抓住受众的需求

重点突出技巧知识点好学、好用

图 3-9　撰写价值型标题的技巧

值得注意的是，在撰写价值型标题时，最好不要提供虚假的信息，比如"一分钟一定能够学会××""三大秘诀包你××"等。价值型标题虽然需要添加夸张的成分在其中，但是要把握好度，要有底线和原则。价值型标题通常出现在技术类的文案中，主要为受众提供实际好用的知识和技巧。图3-10所示为价值型标题的典型案例。

用户在看见这种价值型标题的时候，就会更加有动力去查看该则短视频的内容，因为这种类型的标题会给人一种学习这个技能很简单，不用花费过多的时间和精力的印象。

图 3-10 价值型标题的案例

—— 揭露事实真相，长期凝聚用户 ——

揭露真相型标题是指为受众揭露某件事物不为人知的秘密的一种标题。大部分人都会有一种好奇心和八卦心理，而这种标题则恰好可以抓住受众的这种心理，从而给受众传递一种莫名的兴奋感，充分引起受众的兴趣。

企业号运营者可以利用揭露真相型标题做一个长期的专题，从而达到一段时间内或者长期凝聚受众的目的。而且这种类型的标题比较容易打造，只需把握三大要点即可，如图 3-11 所示。

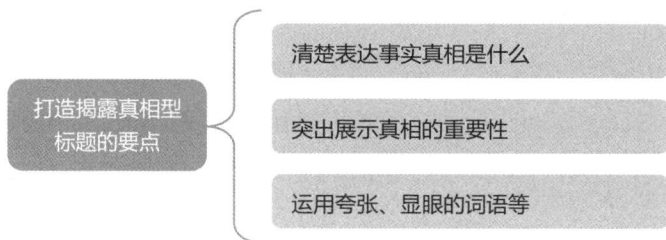

图 3-11 打造揭露真相型标题的要点

揭露真相型标题，最好在标题中显示出冲突性和巨大的反差，这样可以有效吸引用户的注意力，使得用户认识到视频内容的重要性，从而愿意主动点击视频，提升视频的播放率。

图 3-12 所示为揭露真相型的文章标题。这两个短视频的标题都侧重于揭露事实真相，视频内容也是侧重于讲解不为人知的新鲜知识，从标题上就做到了先发制人，因此能够有效地吸引受众的目光。

图 3-12　揭露真相型标题

揭露真相型标题其实和价值型标题有不少相同点，因为都提供了具有价值的信息，能够为用户带来实际的利益。当然，所有的标题类型实际上都一样，都带有自己的价值和特色，否则也无法吸引受众的注意，更别提为视频的点击率做出贡献了。

—— 造成感官刺激，触动用户心灵 ——

不少人认为："力量决定一切。"这句话虽带有太绝对化的主观意识在其中，但还是有一定的道理。其中，冲击力作为力量范畴中的一员，在抖音短视频标题撰写中有着它独有的价值和魅力。所谓"冲击力"，即带给人在视觉和心灵上的触动的力量，也就是引起用户关注的原因所在。

在具有冲击力的标题撰写中，要善于利用"第一次"和"比……还重要"等类似的较具有极端性特点的词汇——因为用户往往比较关注那些具有特别突出特点的事物，而"第一次"和"比……还重要"等词汇是最能充分体现其突出特点，往往能带给受众强大的戏剧冲击感和视觉刺激感。

图 3-13 所示为一些带有冲击感的抖音短视频标题案例。这两个短视频的标题就是利用了"第一次"和"比……还重要"这种较极端性的语言，给用户造成了一种视觉乃至心理上的冲击。

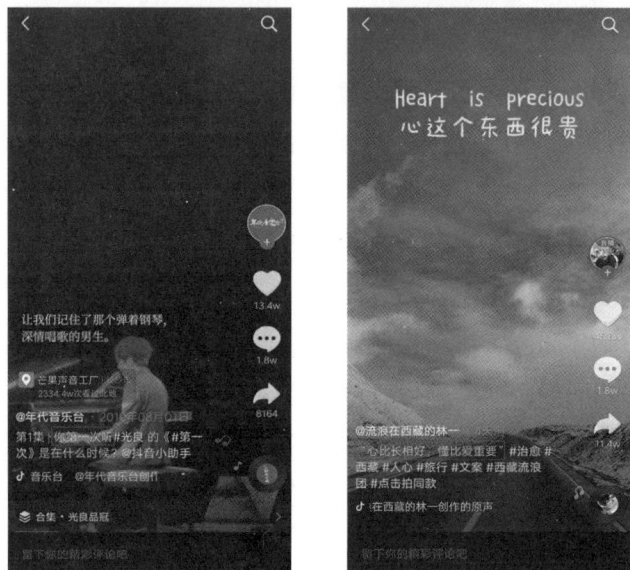

图 3-13　带有冲击感的标题案例

—— 故意制造悬念，引起用户好奇 ——

好奇是人的天性，悬念型标题就是利用人的好奇心来打造的，首先抓住受众的眼球，然后提升受众的兴趣。

标题中的悬念是一个诱饵，引导用户查看短视频的内容，因为大部分人看到标题里有没被解答的疑问和悬念，就会忍不住想进一步弄清楚到底是怎么回事。这就是悬念型标题的套路。

悬念型标题在日常生活中运用得非常广泛，也非常受欢迎。人们在看电视、综艺节目的时候也会经常看到一些节目预告之类的广告，这些广告就会采取这种悬念型的标题引起观众的兴趣。利用悬念撰写标题的方法通常有 4 种，如图 3-14 所示。

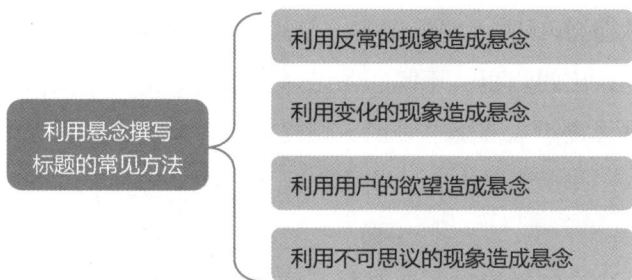

图 3-14　利用悬念撰写标题的常见方法

悬念型标题的主要目的是增加短视频的可看性，因此运营者需要注意的是，使用这种类型的标题，一定要确保短视频内容确实能够让用户感到惊奇、充满悬念。不然会引起用户的失望与不满，继而就会让用户对你的抖音号产生质疑，影响它在用户心中的美誉度。

悬念型标题是运营者青睐有加的标题类型之一，它的效果也是有目共睹的。如果不知道怎么取标题，悬念型标题是一个很不错的选择。悬疑型标题仅仅是为了悬疑的话，这样只能博取大众 1～3 次的眼球，很难保留长时间的效果。如果内容太无趣、无法达到引流的目的，那就是一个失败的视频，会导致产品营销的活动也随之泡汤。

因此，写手在设置悬疑型标题的时候，需要非常谨慎，最好有较强的逻辑性，切忌为了标题走钢索，而忽略了营销的目的和视频本身的内容。悬念型标题是运用得比较频繁的一种标题类型，很多运营者都会采用这一标题型来引起用户的注意力，从而达到较为理想的营销效果和传播效果。图 3-15 所示为悬念型标题的典型案例。

图 3-15　悬念型标题的案例

—— 借势热门热点，增加视频点击 ——

借势是一种常用的标题写作手法，借势不仅完全免费，而且效果还很不错。借势型标题是指在标题上借助社会上一些时事热点、新闻的相关词汇给短视频造势，增加点击量。

借势一般都是借助最新的热门事件吸引受众的眼球。一般来说，时事热点拥有一大批关注者，而且传播的范围也会非常广，抖音短视频标题借助这些热点就可以让用户搜索到该短视频，从而吸引用户查看短视频的内容。

那么，在创作借势型标题的时候，应该掌握哪些技巧呢？我们可以从以下3个方面来努力，如图 3-16 所示。

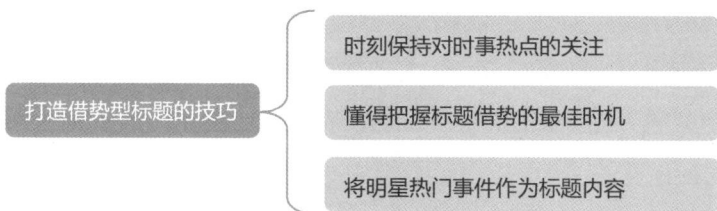

打造借势型标题的技巧

- 时刻保持对时事热点的关注
- 懂得把握标题借势的最佳时机
- 将明星热门事件作为标题内容

图 3-16　打造借势型标题的技巧

值得注意的是，在打造借势型标题的时候，要注意两个问题：一是带有负面影响的热点不要蹭，大方向要积极向上，充满正能量，带给受众正确的思想引导；二是最好在借势型标题中加入自己的想法和创意，然后将发布的短视频与之相结合，做到借势和创意的完美同步。

—— 给出强烈警示，留下深刻印象 ——

警告型标题常常通过发人深省的内容和严肃深沉的语调给受众以强烈的心理暗示，从而给用户留下深刻印象。尤其是警告型的新闻标题，常常被很多抖音电商运营者追捧和模仿。

警告型标题是一种有力量且严肃的标题，也就是说，通过标题给人以警醒的作用，从而引起用户的高度注意，通常会将以下 3 种内容移植到短视频标题中，如图 3-17 所示。

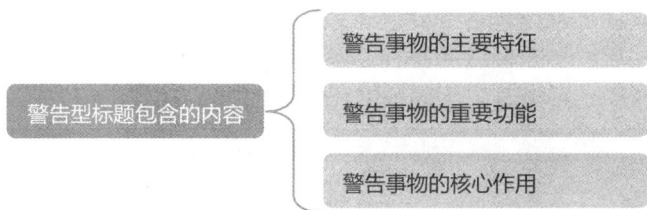

图 3-17 警告型标题包含的内容

那么，警告型标题应该如何构思打造呢？很多人只知道警告型标题能够起到比较显著的作用，容易夺人眼球，但具体如何撰写却是一头雾水。笔者在这里想分享 3 点技巧，如图 3-18 所示。在运用警告型标题时，需要注意运用得是否恰当，因为并不是每一个抖音短视频都可以使用这种类型的标题。

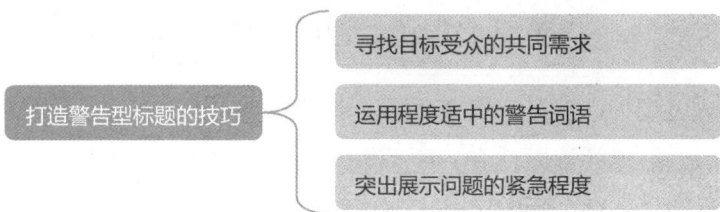

图 3-18 打造警告型标题的技巧

这种标题形式运用得恰当，则能加分，起到其他标题无法替代的作用。运用不当的话，很容易让用户产生反感情绪或引起一些不必要的麻烦。因此，运营者在使用警告型新闻标题的时候要谨慎小心，注意用词恰当与否，绝对不能草率行文，不顾内容胡乱取标题。

警告型标题可以应用的场景很多，无论是技巧类的短视频内容，还是供大众娱乐消遣的娱乐八卦新闻，都可以用到这一类型的标题形式。图 3-19 所示为带有警告型标题的视频案例。

图 3-19　警告型标题的视频案例

选用警告型标题这一标题形式，主要是为了提升用户的关注度，大范围地传播短视频。因为警告的方式往往更加醒目，触及用户的利益。如果这样做可能会让你的利益受损，那么可能本来不想看的用户也会点击查看，因为涉及自身利益往往都是用户最关心的。

—— 营造紧迫氛围，切合用户利益 ——

很多人或多或少都会有一点拖延症，总是需要在他人的催促下才愿意动手做一件事。富有急迫感的标题就有一种类似于催促受众赶快查看短视频的意味在里面，它能够给用户传递一种紧迫感。急迫型标题，是促使受众行动起来的最佳手段，而且也是切合用户利益的一种标题打造方法。

使用急迫型标题时，往往会让用户产生现在就会错过什么的感觉，从而立马查看短视频。那么，这类标题具体应该如何打造呢？笔者将其相关技巧总结为 3

点，如图 3-20 所示。

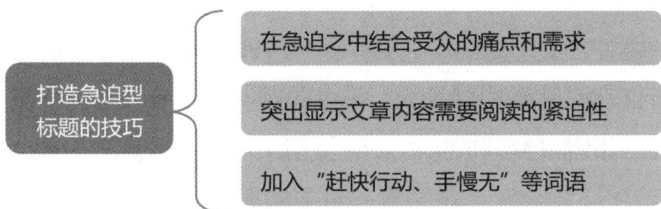

图 3-20　打造急迫型标题的技巧

三. 如何成为爆款，8 种热门类型

企业号运营者对于那些爆款产品一定要时刻保持敏感，及时地去研究、分析、总结他们背后成功的原因。不要一味地认为那些成功的人都是运气好，而是要思考和总结他们是如何成功的，多积累成功的经验，站在"巨人的肩膀"上，你才能看得更高、更远，才更容易超越他们。下面总结了抖音短视频的 8 种热门内容类型，给大家作为参考。

—— 帅哥美女出镜，最好营销利器 ——

为什么把"高颜值"的帅哥美女摆在第一位，原因很简单，就是通过抖音的粉丝作为依据，这也是最有力的依据。在抖音平台上，美是第一生产力，爱美之心，人皆有之，"颜值"就是抖音最好的营销利器。

在抖音上火起来的网红，大部分都是颜值比较高的"小哥哥"和"小姐姐"，因为只要长得好看，即便没有过人的技能，随便唱唱歌、跳跳舞、拍个视频也能吸引一批粉丝。这一点其实很好理解，毕竟谁都喜欢看好看的东西。很多人之所以刷各类短视频，也是想打发无聊琐碎的时间，在他们看来，看看帅哥、美女本身就是一种享受。

—— 萌妹萌娃萌宠，唤起用户怜爱 ——

"萌"的东西总是能激起人心中的怜爱，所以运营者可以利用人的这种心理来打造视频，比较典型的有萌妹和萌娃、萌装扮、萌宠。

（1）萌妹和萌娃

萌妹、萌娃给人的感觉就是"天然呆"，整体的感觉就非常的讨人喜爱，而且让人看见之后心生一种想要保护她/他的感觉。

比如，抖音上的各种萝莉都非常火，她们不仅有着非常性感迷人的身材，而且风格很二次元，经常穿着"lo服"，甜美的造型加上萌妹的身材，很受宅男网友的欢迎。例如，"蔡萝莉"凭借着好身材、高颜值以及COSPLAY（Costume Play的简略写法，指角色扮演）各种类型人物，在抖音上受到了极大关注。

（2）萌装扮

一些可爱的人偶或者布娃娃之类的装扮也能戳中抖音用户心中的柔软之处，容易引起大家的关注。

图3-21所示为网友发布的"OPPO小人"和"VIVO小人"的视频，很多网友在看过视频之后都觉得好可爱，还增加了对"OPPO"和"VIVO"两个品牌手机的好感度。

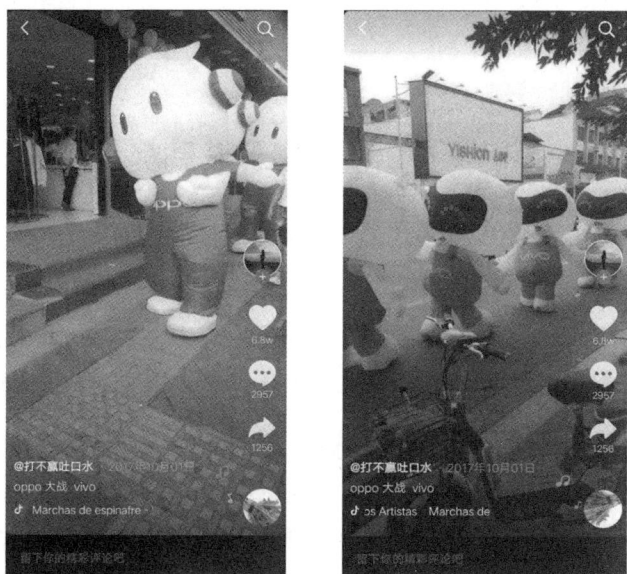

图3-21 "OPPO小人"和"VIVO小人"的视频

（3）萌宠

还有一些可爱的小猫咪、小狗等萌宠出现在视频中也是很讨巧的，现在很多人都喜欢养宠物，所以对宠物类的视频都没有什么抵抗力，愿意看这类视频。运营者可以以动物为主角拍摄好玩有创意的短视频，最好是能挖掘萌宠比较搞笑的点，找到让人耳目一新的场景。

图 3-22 所示为抖音号"料理猫王"发布的短视频，该视频本来是美食视频，但是它有意思的点在于运营者把猫咪当成做饭的厨师并且作为视频的主角出镜，吸引了很多抖音粉丝观看。

图 3-22　"料理猫王"发布的短视频

对于企业号来说，运营者在创作内容的时候，完全可以把视频风格定为"萌"，不管是以萌娃和萌妹为主，还是以萌宠为主，都能为视频作品增加一定的吸引力。如果视频后期制作比较好的话，则上热门的可能性就比较大。这样也能为账号、为企业吸引更多的流量，增加更多的曝光，也能增加企业的记忆点，给用户留下比较深刻的印象。

——　秀出独特才艺，速上热门推荐　——

才艺不仅仅是唱歌跳舞，如美妆、乐器演奏、相声、脱口秀、口技、书法、绘画、驯兽、手工、射击、杂技、魔术以及即兴表演等。秀出独特才艺，秀出与众不同的想法，都是快速上热门推荐的方法。

（1）演唱才艺

运营者可以邀请会唱歌有颜值的人给你拍摄视频，因为音乐一直是大众比较喜欢的东西，所以运营者还可以为自己的产品编写歌曲，或者将自己的产品与时下最热的歌曲结合，改写歌词，这样也可以为视频赢得更高的关注度。

（2）舞蹈才艺

抖音上有很多跳舞很好的视频创作者，他们发布的舞蹈视频受到很多用户的喜爱。企业号运营者可以多看看他们的舞蹈视频，然后在宣传自己账号或是产品时把他们的舞蹈融入其中，或者是注意抖音的热门舞蹈种类和它们搭配的背景音乐。

（3）相声才艺

相声是一门特别能让人放松的才艺，相声界比较著名的"德云社"受到很多观众的喜爱，他们的相声表演几乎场场爆满，所以运营者在制作视频时加入相声的元素也是非常好的吸引用户的手段。

上面只是举了 3 个例子，还有很多其他的才艺表演都可以加入视频中，跟自己的企业或者产品结合，最重要的是，运营者制作视频时要用心，从创意到拍摄再到后期都应该是高质量的。

—— 展示技能妙招，引起用户兴趣 ——

许多用户都是抱着猎奇的心理在刷短视频的，什么样的内容可以吸引这些用户呢？其中一种就是技能传授类的内容，技能包含的范围比较广，既包括各种绝活，也包括一些小技巧，其中比较实用又简单的小技巧更容易获得用户的喜爱。

与一般的内容不同，技能类的内容能让一些普通用户觉得像是一个新大陆。因为此前从未见过，所以会觉得特别新奇。如果其他用户觉得视频中的技能在日常生活中用得上，就会进行收藏，甚至将视频转发给自己的亲戚朋友。因此，只要你在视频中展示的技能在普通用户看来是实用的，那么播放量通常会比较高。

抖音中也有很多技能是需要长期训练的，普通用户就不能轻松地掌握，但是只要你的技能够精彩，够新意，便有人愿意看。其实，除了那些难以掌握的技能外，运营者更多的是在视频中展示一些普通的用户学得会、用得着的技能。比如，许多爆红短视频的技能便属于此类，如图 3-23 所示。

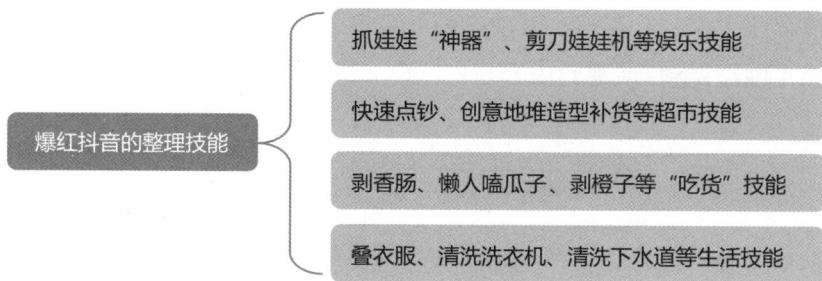

图 3-23　爆红抖音的整理技能示例

—— 拍摄美食美景，打造优质视频 ——

关于"美"的话题，从古至今，有众多与之相关的成语，如沉鱼落雁、闭月羞花、倾国倾城等。除了表示其漂亮外，还附加了一些漂亮所引发的效果在内。可见，颜值高还是有一定影响力的，有时甚至会起决定作用，毕竟人们常说"爱美之心，人皆有之"。

这一现象同样适用于抖音内容打造。当然这里的"美"并不仅仅是指人，还包括美景、美食等。运营者可以通过在短视频中将美景和美食进行展示，让抖音用户共同欣赏。

从人的方面来说，除了先天条件比较优秀外，想要变美，有必要在自己所展现出来的气质形象和妆容上下功夫：穿着干净整洁，让自己看起来显得精神，有神采，而不是一副颓废的样子，这样也能明显提升颜值。还有妆容可以不必浓妆，但是化一点儿淡妆，整个人的气色会好很多。

从景物等方面来说，完全可以通过其本身的美再加上高超的摄影技术来实现，如精妙的画面布局、构图和特效等，就可以打造一个高推荐量、高播放量的短视频文案。

从美食等方面来说，运营者创作的短视频可以是吃播，也可以是美食的制作类的视频等。吃播就是以介绍美食为主，边吃边给网友描述食物的味道和口感，这样会激发观看者的食欲。目前吃播的视频在各个视频平台比较火，而且拍摄相对简单。还有一些运营者将自己制作美食的短视频发布在运营的账号上，满足了网友想要学习制作美食的需求。

不过以美食为主的视频比较适合在与吃有关的企业号中出现，比如"三只松鼠""贤合庄火锅"。当然，其他类型的企业号运营者能将美食与自己账号的定位结合起来创作视频，使视频内容与自己要介绍的产品相符合也是很吸睛的创意。

—— 多发幽默搞笑，一直不缺观众 ——

幽默搞笑类的内容一直都不缺观众。许多用户之所以经常刷短视频，主要就是因为有很多短视频内容能够逗人一笑。所以，那些笑点十足的短视频，很容易在无数个短视频中脱颖而出。

图 3-24 所示为抖音号"毛刚爆笑"发布的短视频。短视频的内容是男主角 A 因为男主角 B 拾金不昧而批评他，要他捡东西后回到家再说，然后男主角 B 就捡到了男主角 A 的电动车钥匙，主角 B 想到主角 A 要他到家再说，就没有告诉主角 A，然后两个人将车推回了家，整个故事剧情紧凑搞笑，而且从侧面教育人们要拾金不昧，受到很多用户的喜爱。

图 3-24 幽默搞笑型短视频

—— 输出专业知识，有价值且实用 ——

知识输出类的短视频在各短视频平台上也是比较受欢迎的，试想如果看完你的某个短视频之后，能够获得一些知识，而且这些知识对你来说非常实用，那为什么不去关注呢？所以，运营者可以发布一些知识类的视频来吸引流量。企业号运营者可以在宣传自己产品的基础上，向用户传达有价值又实用的知识点。

图 3-25 所示为抖音号"开言英语"发布的短视频，该视频是结合爆红网剧《隐秘的角落》打造的一个学习英语的视频，不仅对自己的英语课程起到了一定的宣传作用，而且视频还有趣、有看点，用户看到该视频后可以从中学到很多英语知识。

图 3-25　"开言英语"发布的短视频

—— 普及各种信息，用户乐意点赞 ——

有时候专门拍摄短视频内容比较麻烦，如果视频号运营者能够结合自己的兴趣爱好和专业打造短视频内容，就部分大众比较关注的方面进行信息的普及，那么短视频的制作就会容易得多。如果你普及的内容具有收藏价值，视频号用户也会很乐意给你的短视频点赞。

例如，"酷狗音乐"主要是对音乐进行普及，因为音乐有广泛的受众，而且其分享的内容对于用户也比较有价值。因此，该抖音号发布的短视频内容得到了不少用户的支持。图 3-26 所示为该抖音号发布的短视频。

图 3-26　"酷狗音乐"发布的短视频

（四）企业号的运营，6 个必知功能

企业号的运营者有 6 个必须掌握的功能，即商分享功能、商品橱窗功能、加小程序功能、DOU+ 功能、POI 地址认领、发长视频功能。接下来进行具体、详细的介绍。

—— 商品分享功能，便利用户购买 ——

对于企业号的运营者来说，增加商品的销售量才是关键。通常来说，要增加商品的销售量，便捷的购买方式至关重要。在抖音中，就有一个为用户购买商品提供极大便利的功能，这就是商品分享功能。本节将重点对开通抖音商品分享功能的相关问题进行解读。

1 基本概念

抖音中的商品分享功能相当于是一个超链接，用户可以通过路径的设置，借助商品分享功能，将用户引导至商品购买页面。如果用户看到视频和直播后，对视频和直播中的商品感兴趣，就会通过商品分享功能快速完成购买。这无疑能够对商品销售提升起到极大的促进作用。

2 开通方法

既然商品分享功能这么重要，那么如何在抖音平台开通商品分享功能呢？具体操作步骤如下。

▶▷ STEP01 登录抖音短视频 App，进入"创作者服务中心"界面，点击"商品橱窗"按钮，如图 3-27 所示。

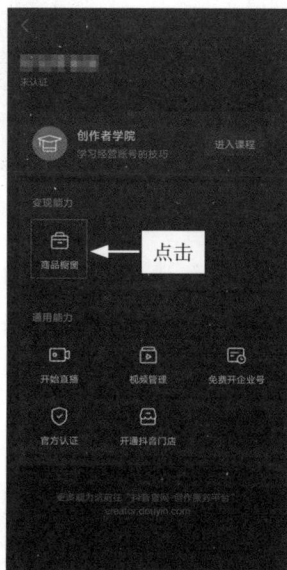

图 3-27　点击"商品橱窗"按钮

▶▷ STEP02 进入"商品橱窗"界面，点击该界面中的"商品分享权限"一栏，如图 3-28 所示。

▶▷ STEP03 进入"商品分享功能申请"界面，点击"立即申请"按钮，如图 3-29 所示。

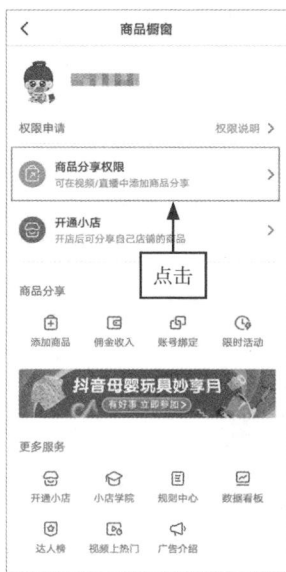

图 3-28 "商品橱窗"界面

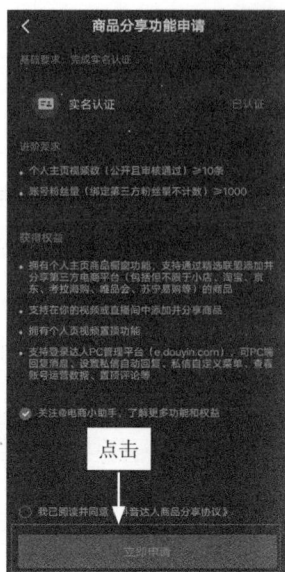

图 3-29 点击"立即申请"按钮

▶▶ STEP04 进入资料填写界面。在该界面中❶输入手机号、微信号和所卖商品类目等信息；❷点击"提交"按钮，如图 3-30 所示。

▶▶ STEP05 操作完成后，如果界面中显示"审核中"，就说明商品分享功能申请成功提交了，如图 3-31 所示。

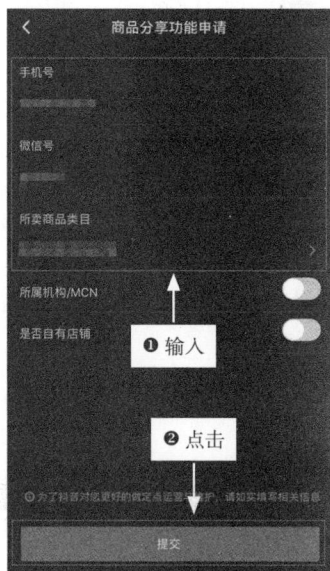

图 3-30 "商品分享功能申请"界面

图 3-31 显示"审核中"

申请提交之后，抖音平台会对申请进行审核，如果审核通过了，则收到一条来自购物助手的消息。

3 开通好处

为什么要开通商品分享功能呢？主要是因为开通该功能后，有许多好处，其中最直接的好处就是可以拥有商品橱窗和通过分享商品赚钱。

（1）拥有商品橱窗

开通商品分享功能后，抖音账号即可拥有商品橱窗。商品橱窗就像是一个开设在抖音上的店铺，抖音运营者可以对商品橱窗中的商品进行管理，而其他抖音用户则可以点击商品橱窗中的商品进行购买。对于企业号运营来说，商品橱窗是必须要开通的一个功能。

（2）分享商品挣钱

在抖音平台中，销售商品最直接的一种方式就是通过分享商品链接，为抖音用户提供一个购买的通道。对于企业号的运营者来说，只要商品卖出去了，就能赚到钱。而要想分享商品，就必须开通商品分享功能。

4 注意事项

商品分享功能审核通过后，抖音运营者收到的信息中，除了告知审核通过之外，还会告知商品分享功能开通后两个星期内，必须在商品橱窗中加入商品，否则该权限将被收回。也就是说，运营者开通商品分享用功能后，必须抓紧时间先在商品橱窗中添加商品，做好开启抖音电商的准备。如果在限定时间内没有在商品橱窗添加商品，运营者要想使用商品分享功能就只能再次进行申请了。

除此之外，商品分享功能开通后要不时地使用一下，如果超过两个星期未使用商品分享功能，系统将关闭商品橱窗分享。抖音运营者在发布视频时，不能使用其他渠道的视频，或是盗用他人的视频，一经发现会被系统关闭商品分享功能。

—— 商品橱窗功能，引导用户进店 ——

商品分享功能开通成功后，系统将在抖音账号中提供一个商品橱窗入口。对于企业号的运营者来说，商品橱窗就是一个集中分享商品的平台。企业号的运营者一定要运用好商品橱窗功能，积极地引导其他抖音用户进店消费。

1 基本概念

抖音商品橱窗，顾名思义，就是抖音短视频 App 中，用于展示商品的一个界面，或者说是一个集中展示商品的功能。商品分享功能成功开通之后，抖音账号个人主页界面中将出现"商品橱窗"的入口，如图 3-32 所示。

另外，初次使用"抖音橱窗"功能时，系统会要求开通电商功能。其具体操作为：点击个人主页界面中的"商品橱窗"，进入"开通电商功能"界面，如图 3-33 所示。

图 3-32　出现"商品橱窗"入口　　　　图 3-33　"开通电商功能"界面

向上滑动屏幕，阅读协议的相关内容，确认没有问题后，点击下方的"我已阅读并同意"按钮，如图 3-34 所示。操作完成后，如果显示"恭喜你已开通抖音商品推广功能！"，就说明电商功能开通成功了，如图 3-35 所示。

款的法律效力。

9.5 若因您违约导致公司终止本协议的，且因此造成公司损失的，您应当承担赔偿责任。

9.6 一方不得向对方、对方经办人或其他相关人员索要、收受、提供、暗扣、好处费、现金、有价证券、购物卡、实物、礼品、餐饮娱乐、旅游或其他非物质性利益等。否则，一经发现，守约方将立即提前终止协议，追究违约方业务往来；一方的行为构成犯罪的，守约方可提请司法机关依法追究其法律责任。

9.7 本协议内容同时包括公司可能不断发布的关于本服务的其他相关协议、规则等内容。上述内容一经正式发布通知，即为本协议不可分割的组成部分，您同样应当遵守。

9.8 本协议的订立、执行和解释及争议的解决均适用中华人民共和国大陆地区法律。本协议的签署地点为北京市海淀区，若您与公司发生争议的，双方同意将争议提交北京市海淀区法院诉讼解决。

我已阅读并同意 ← 点击

恭喜你已开通抖音商品推广功能！

完成

图 3-34 点击"我已阅读并同意"按钮　　图 3-35 电商功能开通成功

2 橱窗调整

商品分享功能和电商功能开通后，抖音账号运营者即可开始对商品橱窗的商品进行调整。通常来说，商品橱窗的商品调整主要分为 3 部分，即添加商品、删除商品和商品分类。接下来，笔者就来分别进行说明。

（1）添加商品

对于运营者来说，在商品橱窗中添加商品非常关键，因为添加商品的任务如果两个星期内没有完成，相关权限就会被收回。企业号运营者可以去商品橱窗添加商品，添加商品后，如果抖音运营者收到一条完成新手任务的消息，就说明添加商品到商品橱窗的任务完成了，如图 3-36 所示。

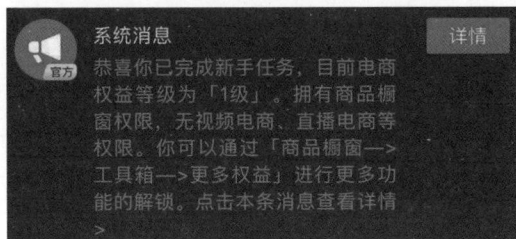

系统消息　　详情

恭喜你已完成新手任务，目前电商权益等级为「1级」。拥有商品橱窗权限，无视频电商、直播电商等权限。你可以通过「商品橱窗—工具箱—>更多权益」进行更多功能的解锁。点击本条消息查看详情>

图 3-36 电商功能开通成功

（2）删除商品

当商品橱窗中的商品没货了，或者觉得商品橱窗中的某些商品不适合再销售时，抖音运营者就需要进行删除商品的操作了。

（3）商品分类

当添加的商品比较多时，为了对商品进行有序的管理，抖音运营者可以进行商品分类管理。

3 禁售类目

抖音对商品橱窗销售的商品做出了一些规定，并且列出了 13 个禁止分享和销售的商品类目，具体如下。

（1）仿真枪、军警用品、危险武器类。

（2）易燃易爆、有毒化学品、毒品类。

（3）反动等破坏性信息类。

（4）色情低俗、催情用品类。

（5）涉及隐私、人身安全类。

（6）药品、医疗器械、保健品类。

（7）非法服务、票证类。

（8）动植物、动植物器官及动物捕杀工具类。

（9）涉及盗取等非法所得及非法用途软件、工具或设备类。

（10）未经允许、违反国家行政法规或不适合交易的商品。

（11）虚拟类。

（12）舆情重点监控类。

（13）不符合平台风格的商品。

—— 加小程序功能，多了销售渠道 ——

对于抖音企业号运营者来说，销售渠道越多，产品的销量通常就越有保障。而随着抖音小程序的推出，运营者相当于多了一个产品的销售渠道。也正因如此，玩转抖音小程序至关重要。

1 基本概念

抖音小程序实际上就是抖音短视频内的简化版 App，和微信小程序相同，抖音小程序具备一些原 App 的基本功能，而且无须另行下载，只要在抖音短视频 App 中进行搜索，点击进入即可直接使用。

和大多数电商平台相同，抖音小程序中可以直接销售商品。用户进入对应的小程序后，选择需要购买的商品，并支付对应的金额，即可完成下单。除此之外，运营者还可以通过设置，让自己的抖音小程序被用户分享出去，从而为用户的购物提供更好的便利。

2 如何使用

抖音小程序对于用户来说至关重要，那么，如何入驻抖音小程序呢？要入驻抖音小程序，运营者需要先获得字节跳动小程序开发者平台权限。具体步骤如下。

▶▶ STEP01 进入字节跳动小程序开发者平台的默认界面，点击界面中的"进入开发者平台"按钮，如图 3-37 所示。

▶▶ STEP02 弹出"快捷登录"对话框，在对话框中❶根据自己的实际情况输入信息；❷点击"登录"按钮，如图 3-38 所示。

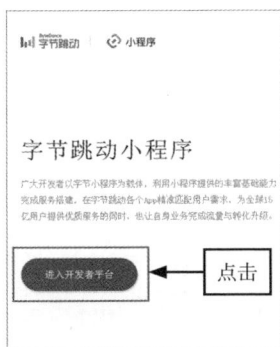

图 3-37　点击"进入开发者平台"按钮　　图 3-38　"快捷登录"界面

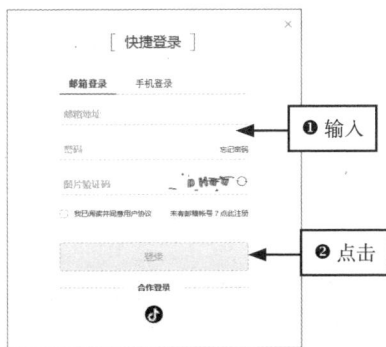

▶▶ STEP03 进入"设置用户名"界面，在界面中输入开发者用户名，点击"确认"按钮，如图 3-39 所示。

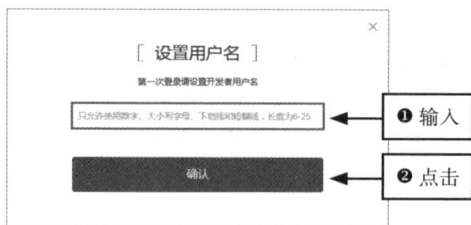

图 3-39　"设置用户名"界面

▶▶ STEP04 进入"申请创建"界面，点击界面中的"申请"按钮，如图 3-40 所示。

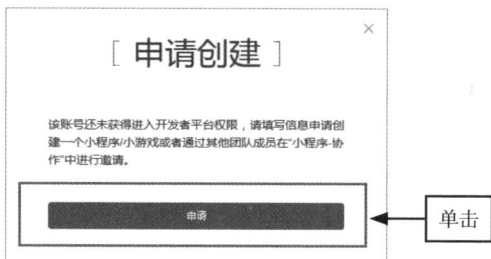

图 3-40　"申请创建"界面

▶▶ STEP05 进入申请资料填写界面，在该界面中填写相关信息，并点击界面下方的"申请"按钮，如图 3-41 所示。

图 3-41　申请资料填写界面

申请提交后，只需等待审核即可。审核通过后，抖音电商运营者即可获得字节跳动小程序开发者平台权限。获得权限后，抖音电商运营者便拥有了初步的入驻资格。接下来，只需对抖音小程序进行设计和开发，并进行上传和发布，即可实现抖音小程序的入驻。

—— DOU+功能，提高视频传播率 ——

DOU+作品推广功能，是一种给短视频"加热"，然后让更多用户看到运营者所发布的短视频的功能。简单地理解，其实质就是运营者通过向抖音平台支付一定的费用，提高抖音短视频的传播率。在抖音短视频 App 中，有两种使用 DOU+作品推广功能的方法，即在个人主页使用和在视频播放页使用。

1 个人主页使用

在个人主页使用 DOU+作品推广功能的步骤具体如下。

▶▷ STEP01 登录抖音短视频 App，进入"我"界面。❶点击界面中的▤按钮；❷在弹出的对话框中点击"更多功能"按钮，如图 3-42 所示。

▶▷ STEP02 进入新界面，点击该界面的"DOU+上热门"按钮，如图 3-43 所示。

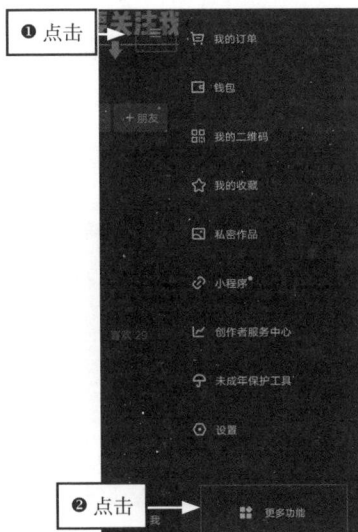

图 3-42　点击"更多功能"按钮　　图 3-43　点击"DOU+上热门"按钮

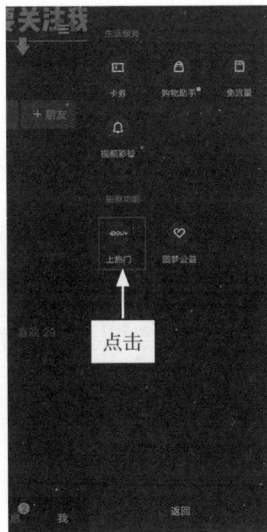

▶▶ STEP03 进入"DOU+上热门"界面。在该界面中❶选择需要推广的短视频；❷点击下方的"上热门"按钮，如图3-44所示。

▶▶ STEP04 进入DOU+设置界面，如图3-45所示。在该界面中，企业号运营者可以查看被推广视频的相关信息和DOU+的预期效果等。运营者只需点击下方的"支付"按钮，并支付相应的费用，即可将短视频推上热门，提高其传达率。

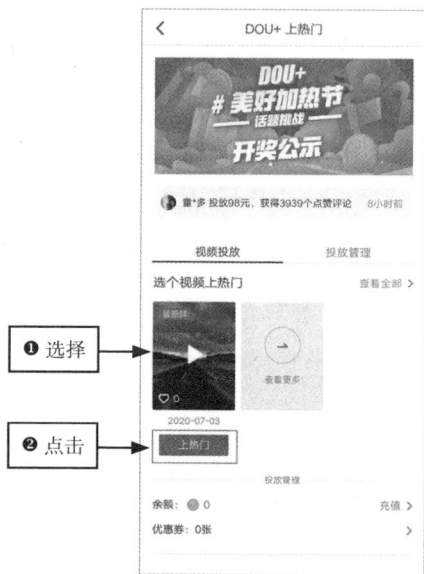

图3-44　点击"上热门"按钮　　　图3-45　DOU+作品推广界面

2 视频播放页使用

除了在个人主页界面使用之外，DOU+作品推广功能还能在视频播放页使用，具体步骤如下。

▶▶ STEP01 打开需要推广的短视频，点击界面中的 ••• 按钮，如图3-46所示。

▶▶ STEP02 弹出一个对话框，点击对话框中的"上热门"按钮，如图3-47所示。

▶▶ STEP03 进入DOU+作品推广界面。抖音电商运营者只需根据提示支付相应的费用，即可借助DOU+作品推广功能对短视频进行推广。

图 3-46　点击●●●按钮

图 3-47　点击"上热门"按钮

—— POI 地址认领，实现流量转化 ——

POI 是 Point of Interest 的缩写，中文翻译为"兴趣点"。店铺可以通过认证认领 POI 地址，认领成功后，即可在短视频中插入店铺位置链接，点击该链接，即可了解店铺的相关信息，如图 3-48 所示。

图 3-48　插入 POI 地址的店铺

该功能对于经营线下实体店的抖音电商运营者来说，可谓意义重大。这主要是因为抖音电商运营者如果设置了POI地址，那么用户便可以在店铺信息界面中看到店铺的位置，点击该位置，借助导航功能，用户可以很方便地找到店铺。

当然，POI地址功能虽然是一个将抖音流量引至线下的一个实用工具，但引流的效果还要由短视频获得的流量来决定。因此，打造吸引用户的短视频，是该功能发挥功效的基础。

—— 发长视频功能，详细介绍产品 ——

在许多人的印象中，抖音短视频的默认拍摄长度是15秒。但是，有时候抖音电商运营者需要传达的内容比较丰富，在15秒内难以完整展示所有内容。那么，有什么方法可以增加短视频的录制时间吗？

其实，随着抖音App的升级，抖音电商运营者在抖音短视频中拍摄的视频长度可以增加为60秒。那么，如何在抖音短视频App中拍摄60秒的短视频呢？具体操作步骤如下。

▶▶ STEP01 登录抖音短视频平台，进入首页，点击该界面下方的➕按钮，如图3-49所示。

▶▶ STEP02 进入视频拍摄界面，抖音的拍摄系统默认的是拍15秒，点击"拍60秒"按钮，如图3-50所示。

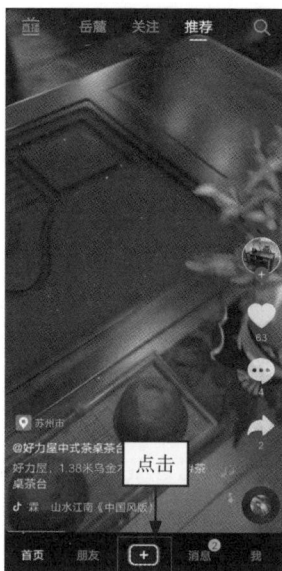

图3-49 点击➕按钮

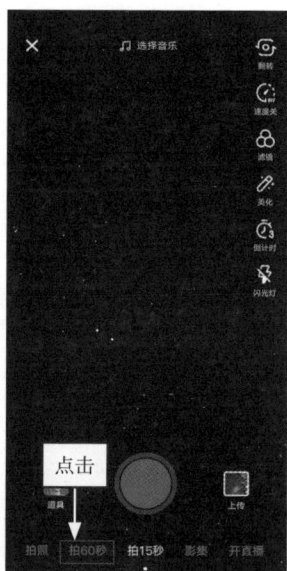

图3-50 短视频拍摄界面

▶▷ STEP03 进入"拍60秒"界面，然后点击█按钮进行视频的拍摄，如图3-51所示。

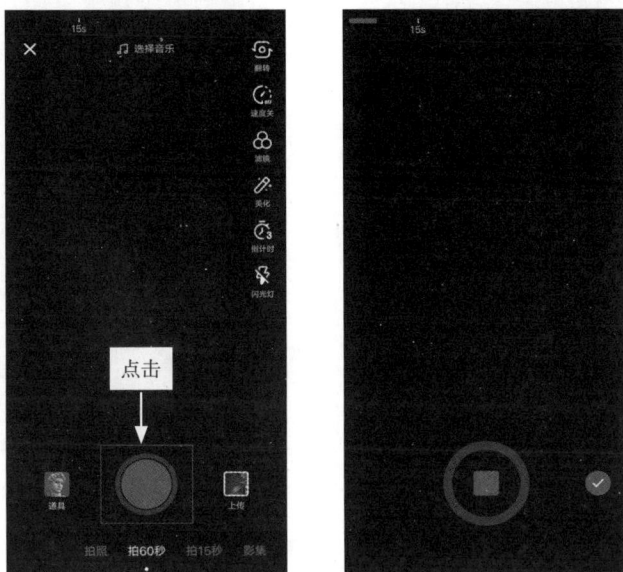

图 3-51　点击█按钮

看到这里，有的抖音电商运营者可能会有些疑惑，为什么在抖音短视频 App 中有的短视频有好几分钟，甚至十几分钟呢？其实，你同样可以在抖音中发布这样的长视频，只是不能直接拍摄，只能选择拍摄好的短视频进行上传，具体操作步骤如下。

▶▷ STEP01 登录抖音短视频平台，进入"设置"界面，点击该界面中的"反馈与帮助"一栏，如图 3-52 所示。

▶▷ STEP02 进入"反馈与帮助"界面，点击该界面中的"如何上传 1-15 分钟的视频？"一栏，如图 3-53 所示。

第 3 章

打造爆款视频，吸引用户无数

83

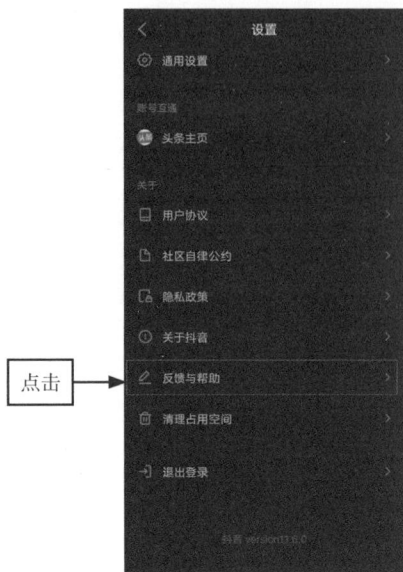

图 3-52 点击"反馈与帮助"一栏　　　图 3-53 "反馈与帮助"界面

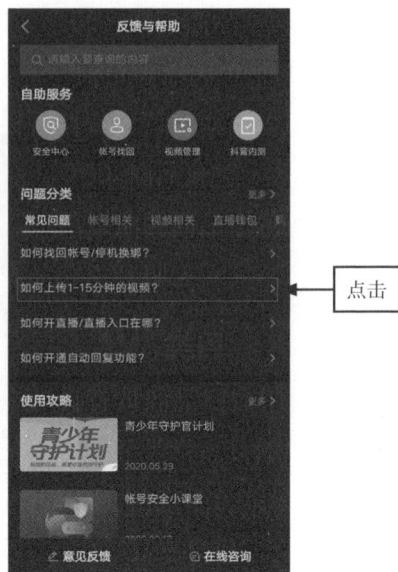

▶▶ STEP03 进入"问题详情"界面，点击该界面中的"点击链接"按钮，如图 3-54 所示。

▶▶ STEP04 进入"抖音视频"界面，点击该界面中的"点击上传"按钮，如图 3-55 所示。

图 3-54 "问题详情"界面　　　图 3-55 "抖音视频"界面

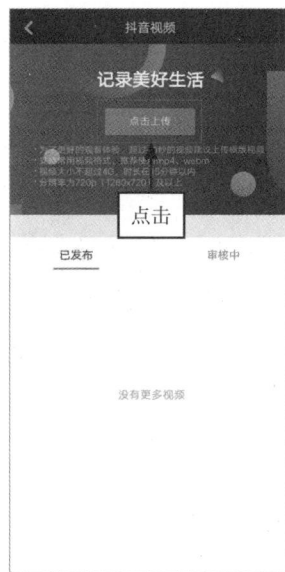

第 . **4** . 章

做好抖音直播，
拉近用户距离

　　抖音直播是现在比较流行的带货卖货的渠道，所以企业号的运营者应该很好地将直播利用起来，然后利用它对自己的产品进行宣传。直播人人都可以进行，但是做好直播却不是那么容易的事情。本章将介绍如何做好直播的相关内容，希望能帮助大家。

一 提前做好准备，注意内容规范

在运营抖音直播的过程中，一定要注意视频直播的内容规范要求，切不可越过雷池，以免辛苦经营的账号被封。另外，在打造直播内容、产品或相关服务时，运营者首先要切记遵守相关法律法规，只有合法的内容才能得到承认，才可以在互联网中快速传播。

—— 建立直播空间，牢记 3 个方面 ——

运营者想要利用直播销售产品，首先要建立一个专业的直播空间，主要包括以下 3 个方面。

（1）直播室要有良好稳定的网络环境，保证直播时不会掉线和卡顿，影响用户的观看体验。如果是在室外直播，建议选择无限流量的网络套餐。

（2）购买一套好的电容麦克风设备，会给用户带来更好的音质效果，同时也将自己的真实声音展现给他们。

（3）购买一个好的手机外置摄像头，让直播画面更加高清，给用户留下更好的外在形象，当然也可以通过美颜等效果来给自己的颜值加分。

其他设备还需要准备桌面支架、三脚架、补光灯、手机直播声卡以及高保真耳机等。例如，直播补光灯可以根据不同的场景调整画面亮度，具有美颜、亮肤等作用。手机直播声卡可以高保真收音，无论是高音或低音都可以还原得更真实。

—— 设置吸睛封面，增加直播人气 ——

抖音直播的封面图片设置得好，能够吸引更多粉丝观看直播。目前，抖音直播平台上的封面以主播的个人形象照片为主，背景以场景图居多，也可选择游戏画面或游戏人物、卡通人物的图片。抖音直播封面没有固定的尺寸，不宜过大也不要太小，只要是正方形即可，但画面要做到清晰美观。

—— 了解打开步骤，直播按部就班 ——

对于企业号运营者来说，抖音直播可谓是促进商品销售的一种直接而又重要的方式。那么，如何开直播呢？具体操作步骤如下。

▶▶ STEP01 登录抖音短视频 App，进入"推荐"界面，点击该界面中的⊞按钮，如图 4-1 所示。

▶▶ STEP02 进入短视频拍摄界面，点击该界面中的"开直播"按钮，如图 4-2 所示。

图 4-1　点击⊞按钮

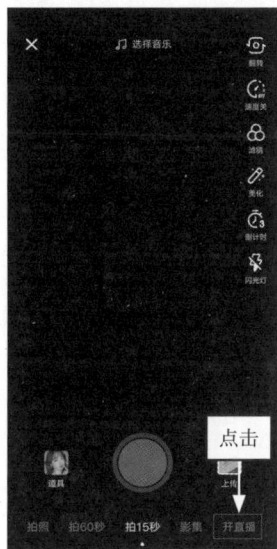

图 4-2　点击"开直播"按钮

▶▶ STEP03 进入"开直播"界面，设置直播的封面和直播的名称，然后点击"开始视频直播"按钮，如图 4-3 所示。

▶▶ STEP04 正式进入直播间（直播间有很多的特效，用户可根据自己的喜好进行选择，这里不做具体介绍），点击▣按钮，如图 4-4 所示。

▶▶ STEP05 弹出一个新的界面，点击该界面中的"添加直播商品"按钮，如图 4-5 所示。

▶▶ STEP06 进入"添加商品"界面，选择自己想要添加的商品，然后点击该商品后面的"添加"按钮，如图 4-6 所示。

做好抖音直播，拉近用户距离

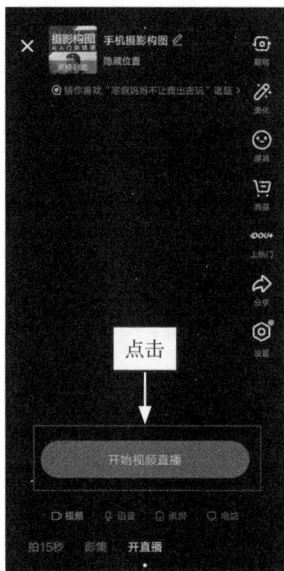

图 4-3　点击"开始视频直播"按钮

图 4-4　点击🔲按钮

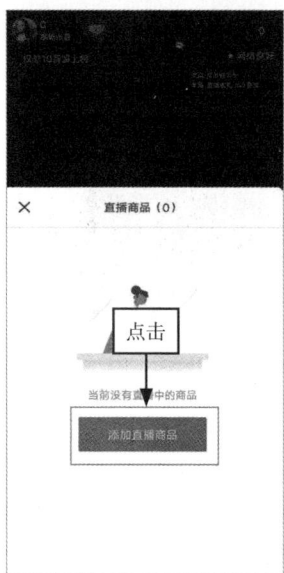

图 4-5　点击"添加直播商品"按钮

图 4-6　点击"添加"按钮

▶▷ STEP07　商品选择完成后，点击该界面下方的🔲按钮，如图 4-7 所示。

▶▷ STEP08　进入"直播商品"界面，在该界面可以选择置顶的商品，也可不选，完成后点击"添加"按钮，如图 4-8 所示。

图 4-7　点击　按钮

图 4-8　"直播商品"界面

▶▶ STEP09 进入新的界面,在该界面点击"讲解"按钮对该商品进行讲解,
讲解完成之后点击"取消讲解"按钮,如图4-9所示。

图 4-9　对商品进行讲解

—— 防止直播触雷，规避 4 个误区 ——

随着直播行业的不断深入发展，直播的内容也越来越广泛。但在进行直播时，不免会走入一些误区，误区并不可怕，可怕的是连误区在哪里都不知道。本小节将带领大家一起了解清楚直播界存在的误区，帮助大家积极采取措施来避免踏入误区或者陷入风险。

1 盲目从众

视频直播不仅仅是一个风靡一时的营销手段，还是一个能够实实在在为企业带来盈利的优质平台。当然，企业要注意的是，不能把视频直播片面地看成是一个噱头，而是要大大提高营销转化的效果。

特别是对于一些以销售为主要目的的企业来说，单单是利用网络红人打造气势，还不如直接与用户在视频直播平台中进行互动，从而调动用户参与的积极性，让直播间"热闹"起来，吸引更多的用户围观。

比如，乐直播联合家具行业的周年庆进行直播，用户不仅可以直接观看直播，并分享到朋友圈，还可以在直播过程中参与抽奖。这种充满趣味性的互动，大大促进了用户与品牌的互动，从而转化为购买力。

2 三观不正

在进行直播运营时，传递出来的价值观能体现一个直播平台的优劣与否。特别是视频直播平台中的很多主播传递出错误的价值观，会给社会带来不良影响。

（1）粗俗。原意是指一个人的举止谈吐粗野庸俗，如"满嘴污言秽语，粗俗不堪"。也许你可以靠"俗"博得大家的关注提升名气，但难以得到主流社会的看好，而且存在很大的问题和风险。

因此，直播平台、产品、企业或品牌，都应该努力传递主流价值观，做一个为社会带来正能量的人。比如，我们可以借助互联网，多参与一些社会慈善和公益活动，打造一个助人为乐、传递正能量的 IP 形象，在互联网内容中要坚守道德底线并弘扬社会道德，引导正面舆论，为广大网民树立正确的世界观、人生观和价值观。

（2）拜金。主要是指崇拜金钱。当然崇拜金钱并没有错，商业社会中的人都是以赚钱为目的。不过，如果你唯利是图，什么事情都想着赚钱，不择手段且盲目地追求金钱，这是一种极端错误的价值观。我们在打造IP时，切不可盲目崇拜金钱、把金钱价值看作最高价值，必须保持"拒绝拜金，坚守自我"的心态。

（3）物欲。除了拜金外，物欲也是一种错误的人物IP价值观。物欲是指一个人对物质享受的强烈欲望，在这种欲望的冲动下，可以做出很多错误的事情。《朱子语类》中曾说过："众人物欲昏蔽，便是恶底心。"意思是那些疯狂追求物欲的人，他们的心灵必定空虚，而且经常做出一些荒唐的事情，最终只会让自己变成一个虚有其表、华而不实的人。

因此，打造直播内容时应该将物质和精神追求相辅相成，多注重精神层次和幸福感，不能一味地追求物欲，否则你很容易被它牵着鼻子走。

3 内容雷同

互联网上的内容平台虽然很多，但其运营模式和内容形式大相径庭、千篇一律，同质化现象十分严重，这样同质化的内容容易让观众产生审美疲劳。在人物IP尤其是网红市场中，同质化竞争的表现主要体现在内容层次方面，典型特点是同一类型的直播内容重复，而且内容替代性强。比如，有个网红发布的内容红了，第二天就很快被别人复制并取代了。

因此，直播平台或企业在做IP内容营销时，不能一味地模仿和抄袭别人用过的内容，必须学会发散思维，摆脱老套噱头模式。我们可以从生活、学习、工作中寻找发散思维，这样才能制作出有持续吸引力的内容。当然，随着IP市场的进一步成熟，会出现更多优质的原创内容，这也是市场发展的大势所趋。人物IP必须持续的生产内容将IP衍生到各个领域，这样才可以实现更多渠道的流量变现，也才能拥有更强劲的生命力。

4 非法侵扰

在直播内容方面，存在侵犯他人肖像权和隐私权的问题。比如，一些网络直播将商场、人群作为直播背景，全然不顾他人是否愿意上镜，这种行为极有可能侵犯到他人的肖像权和隐私权。

隐私权的关键有两方面：第一，隐私权具有私密性的特征，权利范围由个人决定；第二，隐私权由自己控制，公开什么信息全由个人决定。

当我们处在公共领域中时，并不意味着我们自动放弃了隐私权，可以随意被他人上传自直播平台。我们可以拒绝他人的采访，也有权决定是否出现在视频直播中，因为我们在公有空间中有权保护我们自己的隐私权。因此，直播的这种非法侵权行为是非常错误的。

—— 解决常规问题，注意对"症"下药 ——

在直播的过程中，我们可能会遇到一些问题，那么这些问题要怎么解决呢？下面对直播中一些常见问题的解决方法进行简单说明。

1 直播时没有声音

声音和画面都是直播的重要组成部分，如果一个直播中只有画面没有声音，那么直播的效果很可能会大打折扣。如果运营者在直播时出现了没有声音的情况，要怎样去解决呢？对于这个问题，抖音平台在"反馈与帮助"板块中给出了建议，如图 4-10 所示。

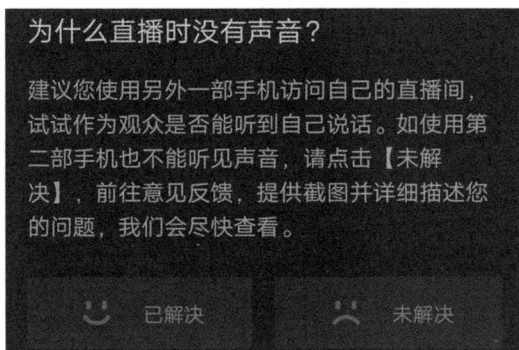

为什么直播时没有声音？

建议您使用另外一部手机访问自己的直播间，试试作为观众是否能听到自己说话。如使用第二部手机也不能听见声音，请点击【未解决】，前往意见反馈，提供截图并详细描述您的问题，我们会尽快查看。

😊 已解决　　😞 未解决

图 4-10　直播没有声音的解决方案

2 直播时黑屏

只有画面，没有声音，直播的效果会大打折扣。同样，只有声音，没有画面，也会从很大程度上影响直播的效果。那么，如果直播时黑屏，看不到直播画面，要怎么办呢？抖音在"反馈与帮助"板块中就该问题做出了解答，如图 4-11 所示。

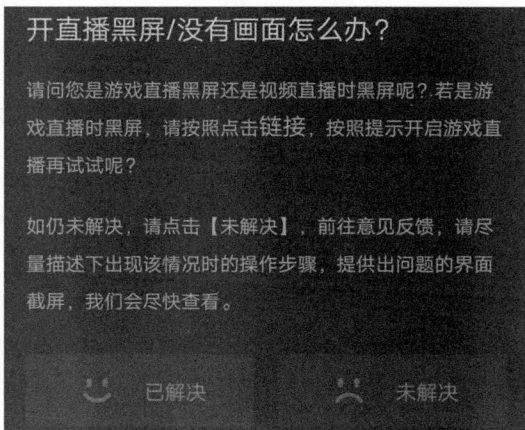

开直播黑屏/没有画面怎么办？

请问您是游戏直播黑屏还是视频直播时黑屏呢？若是游戏直播时黑屏，请按照点击链接，按照提示开启游戏直播再试试呢？

如仍未解决，请点击【未解决】，前往意见反馈，请尽量描述下出现该情况时的操作步骤，提供出问题的界面截屏，我们会尽快查看。

☺ 已解决   ☹ 未解决

图 4-11   直播时黑屏的解决方案

3 直播时卡顿

看直播就像是看影视剧，如果画面不流畅，受众的观看体验将会受到较大的影响。对于直播时卡顿的情况，抖音也在"反馈与帮助"板块中提供了解决方案，如图 4-12 所示。

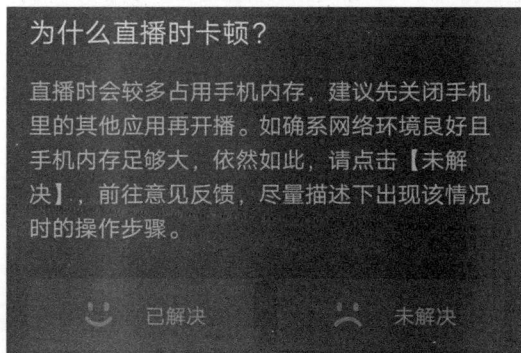

为什么直播时卡顿？

直播时会较多占用手机内存，建议先关闭手机里的其他应用再开播。如确系网络环境良好且手机内存足够大，依然如此，请点击【未解决】，前往意见反馈，尽量描述下出现该情况时的操作步骤。

☺ 已解决   ☹ 未解决

图 4-12   直播时卡顿的解决方案

4 直播时的其他问题

除了上面的这些问题外，如果还遇到了其他问题怎么办呢？抖音直播的反馈与帮助中有一个"开直播时遇到其他问题怎么办"，运营者可以点击该界面下方的"意见反馈"按钮，如图 4-13 所示。即可进入"意见反馈"界面，通过图片和文字向抖音进行反馈，完成后点击"发送"按钮，如图 4-14 所示。

做好抖音直播，拉近用户距离

93

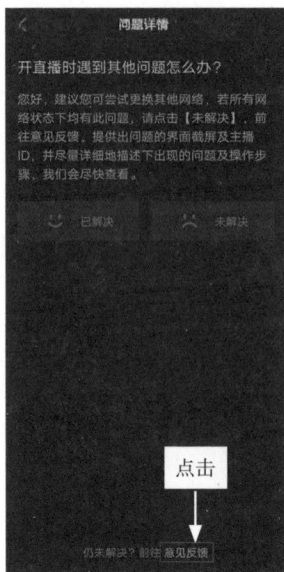

图 4-13　点击"意见反馈"按钮　　　　图 4-14　　"意见反馈"界面

（二）养成带货达人，6 招快速变身

谁都不是一生下来就是主播，一个成功的主播也是需要在不断地积累经验中成长起来的。但是，一些素人可能并没有太多时间慢慢积累直播经验，那么，这些素人如何才能快速变身抖音直播带货达人呢？本章笔者就来给大家支几个招。

── 提高基本素养，成功先要条件 ──

运营者想要成为一个成功的主播，首先要提高自身的基本素养，即专业能力、语言能力、心理素质。

1 专业能力

想要成为一名具有超高人气的主播，必不可少的就是专业能力。在竞争日益激烈的直播行业，主播只有锻炼好自身的专业能力，才能在直播这片肥沃的土壤上扎根。

（1）个人才艺。首先，主播应具备各种各样的才艺，让观众看得眼花缭乱，为之倾倒。才艺的范围十分广泛，包括唱歌、跳舞、乐器表演、书法、绘画和游戏竞技等。只要你的才艺让用户耳目一新，能够引起他们的兴趣，并为你的才艺买单，那么，你的才艺就是成功的。

在抖音直播平台上，有不计其数的主播，大多数主播都拥有自己独有的才艺。谁的才艺好，谁的人气自然就高。无论是什么才艺，只要是积极且充满正能量的，能够展示自己个性的，就会助主播的成长一臂之力。

（2）言之有物

一个主播想要得到用户的认可和追随，那么他一定要有清晰且明确的三观，这样说出来的话才会让用户信服。如果主播的观点既没有内涵，又没有深度，那么这样的主播是不会获得用户长久的支持的。

那么，应该如何做到言之有物呢？首先，主播应树立正确的价值观，始终保持自己的本心，不空谈，不扯淡。其次，还要掌握相应的语言技巧，主播在直播时，必须具备的语言要素包括语言亲切、通俗易懂和流行时尚。最后，主播要有自己专属的观点。只有将这三者结合起来，主播才能达到言之有物的境界，从而获得专业能力的提升。

（3）精专一行。俗话说，"三百六十行，行行出状元"。作为一名主播，想要成为直播界的状元，最基本的要求就是要拥有一门较擅长的技能。一个主播的主打特色就是由他的特长支撑起来的。

比如，有人乐器弹奏水平很高，于是他专门展示自己的弹奏技能；有人是舞蹈专业出身，对舞蹈又十分热爱，于是他在直播中展示自己曼妙的舞姿；有人天生有一副好嗓子，于是他在直播中与人分享自己的歌声。

只要精通一门专业技能，行为谈吐接地气，那么月收入上万也不是什么难事。当然，主播还要在直播之前做足功课，准备充分才能将直播有条不紊地进行下去，最终获得良好的反响。

（4）聚焦痛点。在主播培养专业能力的道路上，有一点极为重要，即聚焦用户的痛点。主播要学会在直播的过程中寻找用户最关心的问题和感兴趣的点，从而更有针对性地为用户带来有价值的内容。

挖掘用户的痛点是一个长期的工作，但主播在寻找的过程中，必须要注意以下 3 个事项：

- 对自身能力和特点有充分的了解，认识到自己的优缺点。

- 对其他主播的能力和特点有所了解，对比他人，从而学习长处。

- 对用户心理有充分的解读，了解抖音用户需求，然后创造对应的内容满足需求。

主播在创作内容时，要抓住用户的主要痛点，以这些痛点为标题，吸引抖音用户关注，并弥补用户在社会生活中的各种心理落差，在直播中获得心理的满足。用户的痛点主要包括安全感、价值感、自我满足感、亲情爱情、支配感、归属感和不朽感等。

2 语言能力

一个主播没有良好的语言组织能力就如同一名击剑运动员没有剑，这是根本行不通的。主播想要拥有过人的语言能力，让用户舍不得错过直播的一分一秒，就必须从多个方面来培养。

（1）亲切沟通。在直播的过程中，与粉丝的互动是不可或缺的。聊天也不可口无遮拦，主播要学会三思而后言。切记不要太过鲁莽，心直口快，以免对粉丝造成伤害或者引起粉丝的不悦。

此外，主播还应避免说一些伤害粉丝的话语，在直播中学会与用户保持一定的距离，玩笑不能开大了，但又要让粉丝觉得你平易近人、接地气。那么，主播应该从哪些方面进行思考呢？笔者就需要思考的几点做了总结，具体如下。

- 什么该说与不该说？

- 事先做好哪些准备？

- 如何与粉丝亲切沟通？

（2）选择时机。良好的语言能力需要主播挑对说话的时机。每一个主播在表达自己的见解之前，都必须要把握好用户的心理状态。比如，对方是否愿意接受这个信息？或者对方是否准备听你讲这个事情？如果主播丝毫不顾及用户心里怎么想，不会把握说话的时机，那么只会事倍功半，甚至做无用功。而只要选择好了时机，让粉丝接受你的意见还是很容易的。

打个比方，如果一个电商主播，在向用户推销自己的产品时，承诺给用户一定的折扣，那么用户在这个时候应该会对产品更感兴趣。总之，把握好时机是培养主播语言能力的重要因素之一，只有选对时机，才能让用户接受你的意见，对你讲的内容感兴趣。

（3）懂得倾听。懂得倾听是一个人最美好的品质之一，同时也是主播必须具备的素质。和粉丝聊天谈心，除了会说，还要懂得用心聆听。

例如，一名主播的粉丝评论说他最近的直播有些无聊，没什么有趣的内容。于是，该主播认真倾听了用户的意见，精心策划了搞笑视频直播，赢得了几十万的点击量，获得了许多用户的好评。

在主播和用户交流沟通的互动过程中，虽然表面上看是主播主导，但实际上是以用户为主。用户愿意看直播的原因就在于能与自己感兴趣的人进行互动。主播要了解用户关心什么、想要讨论什么话题，就一定要认真倾听用户的心声和反馈。

（4）谦和友好。主播和粉丝交流沟通，要谦和一些，友好一些。聊天不是辩论比赛，没必要分出个你高我低，更没有必要因为某句话或某个字眼而争论不休。

如果一个主播想借纠正粉丝的错误，或者发现粉丝话语中的漏洞，来证明自己多么的学识渊博、能言善辩，那么这个主播无疑是失败的。因为他忽略了最重要的一点，那就是直播是主播与用户聊天谈心的地方，不是辩论赛场，也不是相互攻击之处。主播在与用户沟通时的诀窍，具体如下。

● 理性思考问题。

● 灵活面对窘境。

● 巧妙指出错误。

语言能力的优秀与否，与主播的个人素质是分不开的。因此，在直播中，主播不仅要着力于提升自身的语言能力，同时也要全方面认识自身的缺点与不足，从而更好地为用户提供服务，成长为高人气的专业主播。

（5）理性对待。在直播中会遇到个别粉丝爱挑刺儿、负能量爆棚、怨天尤人，有的更甚，竟强词夺理说自己的权利遭到了侵犯。这时就是考验主播的语言能力的关键时刻了。

作为一名心思细腻、七窍玲珑的主播，应该懂得理性对待粉丝的消极行为和言论。那么，主要从哪几个方面去做呢？笔者总结为以下 3 点。

● 善意的提醒。

● 明确不对之处。

● 对事不对人。

一名成功的主播，一定有他的过人之处。对粉丝的宽容大度和正确引导是主播培养语言能力的过程中必不可少的因素之一。当然，明确的价值观也为主播的语言内容增添了不少的光彩。

3 心理素质

直播和传统的节目录制不同，节目要达到让观众满意的效果，可以通过后期剪辑来表现笑点和重点。因此，一个主播要具备良好的现场应变能力和丰富的专业知识。一个能够吸引众多粉丝的主播和直播节目，仅仅靠颜值、才艺、口才是远远不够的。直播是一场无法重来的真人秀，就跟生活一样，没有彩排。在直播的过程中，万一发生了什么意外，主播一定要具备良好的心理素质，才能应对各种情况。

（1）信号中断。一般借助手机做户外直播时会发生。信号不稳定是十分常见的事情，有时候甚至还会长时间没有信号。如果直播过程中，只看到评论区的变化，而直播画面却一直显示"加载中"，就说明主播的信号不太稳定，或者主播的信号已经中断。

面对这样的情况，主播首先要平稳心态，先试试变换地点是否会连接到信号，如果不行，就耐心等待。因为也许有的忠实粉丝会一直等候直播开播，所有主播要做好向粉丝道歉的准备，再利用一些新鲜的内容活跃气氛，再次吸引粉丝的关注。

（2）突发事件。各种各样的突发事件在直播现场是不可避免的。当发生意外情况时，主播一定要稳住心态，让自己冷静下来，打好圆场，给自己台阶下。

比如，湖南卫视的歌唱节目《我是歌手》第三季总决赛直播时，就发生了一件让人意想不到的事件。当时参赛的一位歌手突然宣布退赛，消息一出，现场的所有人包括守在电视机前的观众都大吃一惊。

而节目主持人却不慌不忙地对此事做了十分冷静地处理，首先他请求观众给他 5 分钟时间，然后将自己对这个突发事件的看法做了客观、公正的评价，主持人的冷静处理让相关工作人员有了充分的时间来应对此事件。而此事件过后，该主持人的救场也纷纷被各大媒体报道，获得了无数观众的敬佩和赞赏。

节目主持人和主播有很多相似之处，主播在一定程度上来说也是主持人。在直播过程中，主播要学会把节目流程控制在自己手中，特别是面对各种突发事件时，要冷静。主播应该不断修炼自己，多多向这样的主持人学习。

—— 积极应对提问，学会随机应变 ——

成为一名优秀的主播，就要学会随机应变。在这种互动性很强的社交方式中，各种各样的粉丝可能都会向主播提问，这些活跃跳脱的粉丝多不胜数，提出的问题也是千奇百怪。

有的主播回答不出粉丝问题，就会插科打诨地蒙混过关。这种情况一两次粉丝还能接受，但次数多了，粉丝就会怀疑主播是不是不重视或者主播到底有没有专业能力。因此，学会如何应对提问是主播成长过程中的重中之重。

1 根据主题做好准备

主播在进行直播之前，特别是进行与专业技能相关的直播之前，一定要准备充分，对自己要直播的内容做足功课。就像老师上课之前要写教案备课一样，主播也要对自己要直播的内容了如指掌，并尽可能地把资料备足，以应对直播过程中发生的突发状况。

比如，做一场旅行直播，主播可以不用有导游一样的专业能力，对任何问题都回答得头头是道，但也要在直播之前把旅游地点及其相关知识掌握好。这样才不至于在直播过程中一问三不知，也不用担心因为回答不出粉丝的问题而丧失人气。

主播每次直播前，都会对要直播的内容做好充分的准备，如风景名胜的相关历史，人文习俗的来源、发展，当地的特色小吃等。因为做了相关准备，所以在直播的过程中就能有条不紊，对遇到的事物都能侃侃而谈，对当地的食物、风土人情更是介绍得特别详细。

2 正确回答热点问题

应对提问还会遇到另一种情况，即回答热点评议。不管是粉丝还是主播，都对热点问题会有一种特别的关注。很多主播也会借着热点事件来吸引用户观看。这时，粉丝往往想知道主播对这些热点问题的看法。

有些主播，为了吸引眼球，进行炒作，就故意做出有违三观的回答。这种行为是极其错误且不可取的，虽然主播的名气会因此在短时间内迅速上升，但其带来的影响是负面的、不健康的，粉丝会马上流失，更糟糕的是，想要再吸引新的粉丝加入也变得十分困难了。那么，主播应该如何正确评价热点事件呢？具体有以下 3 点。

（1）客观中立。

（2）不有违三观。

（3）不偏袒任何一方。

主播切记不能因为想要快速吸粉就随意评价热点事件，因为主播的影响力比普通人要大很多，言论稍有偏颇，就会出现引导舆论的情况。如果事实结果与主播的言论不符，就会对主播产生很大的负面影响。这种做法往往是得不偿失的。

客观公正的评价虽然不会马上得到用户的大量关注，但只要长期坚持下去，形成自己独特的风格，就能凭借正能量的形象吸引更多的粉丝。

3 幽默作答活跃气氛

在这个人人"看脸"的时代，颜值虽然已经成为直播界的一大风向标，但想要成为直播界的大咖级人物，光靠脸和身材是远远不够的。有人说，语言的最高境界就是幽默。拥有幽默口才的人会让人觉得很风趣，还能折射出一个人的内涵和修养。所以，一个专业主播的养成，也必然少不了幽默技巧。那么主播如何提高自己的幽默作答的能力呢？这里总结了 4 点，具体如下。

（1）手机素材

善于利用幽默技巧，是一个专业主播的成长必修课。生活离不开幽默，就好像鱼儿离不开水，呼吸离不开空气。所以幽默对主播来说非常重要，而学习幽默技巧的第一件事情就是收集幽默素材。

主播要凭借从各类喜剧中收集而来的幽默素材，全力培养自己的幽默感，学会把故事讲得生动有趣，让人忍俊不禁。用户是喜欢听故事的，而故事中穿插幽默则会让用户更加全神贯注，将身心都投入主播的讲述中。

例如，生活中的很多幽默故事就是由喜剧的片段和情节改编而来。幽默也是一种艺术，艺术来源于生活而高于生活，幽默也是如此。

（2）抓住矛盾

当一名主播已经有了一定的阅历，对自己的粉丝也比较熟悉，知道对方喜欢什么或者讨厌什么，那么就可以适当地攻击他讨厌的事物以达到幽默的效果。

比如，他讨厌公司的食堂，认为那儿的饭菜实在难以下咽，那么你就可以这样说："那天我买了个包子，吃完之后从嘴里拽出来两米长的绳子。"抓住事物的主要矛盾，这样才能摩擦出不一样的火花。那么，主播在抓住矛盾、培养幽默技巧的时候，应该遵守哪些原则呢？笔者总结为6点，即积极乐观、与人为善、平等待人、宽容大度、委婉含蓄、把握分寸。

总之，主播在提升自身的幽默技巧时也不能忘了应该遵守的相关原则，这样才能更好地引导与用户，给用户带来高质量的直播。

（3）幽默段子

"段子"本身是相声表演中的一个艺术术语。随着时代的变化，它的含义不断拓展，也多了一些"红段子、冷段子、黑段子"的独特内涵，近几年频繁活跃在互联网的各大社交平台上。

而幽默段子作为最受人们欢迎的幽默方式之一，也得到了广泛的传播和发扬。微博、综艺节目、朋友圈里将幽默段子运用得出神入化的人比比皆是，这样的幽默方式也赢得了众多粉丝的追捧。

例如，在抖音上有很多专门发搞笑段子视频的账号获得了很多用户的喜爱。图4-15所示为抖音号"爆笑八宝周"发布的搞笑段子，该视频累计获得了54.8万点赞量和2.7万评论量，非常成功。

图4-15 发布搞笑段子的案例

所以，抖音用户比较喜欢幽默搞笑的画风，主播就可以根据这一特性来调整自己的语言风格。主播想要培养幽默技巧，就需要努力学习段子，用段子来征服粉丝，可以说幽默段子是吸引用户注意的绝好方法。

（4）自我嘲讽

讽刺是幽默的一种形式，相声就是一种讽刺与幽默相结合的艺术。讽刺和幽默是分不开的，要想学得幽默技巧，就要学会巧妙的讽刺。最好的讽刺方法就是自黑。这样的话既能逗粉丝开心，又不会伤了和气。

因为粉丝不是亲密的朋友，如果对其进行讽刺或吐槽，很容易引起他们的反感和愤怒。比如，央视某位著名主持人在主持新版《星光大道》时，与另一位较为年轻的主持人搭档，一老一少，相得益彰。为了丢掉过去自己在观众心目中的刻板形象，更接地气，该主持人自黑称自己是老黄瓜、皮肤黑、身材发福等，惹得观众笑声不断。

在现在很多直播中，主播也会通过这种自我嘲讽的方式来将自己"平民化"，逗粉丝开心。自我嘲讽这种方法只要运用得恰当，达到的效果还是相当不错的。当然，主播也要把心态放正，将自黑看成是一种娱乐方式，不要太过认真。

—— 掌握说话技巧，提升卖货能力 ——

在直播的过程中，主播如果能够掌握一定的说话技巧，会获得更好的带货、盈利效果。本节将对 5 种直播说话技巧进行分析和展示，帮助大家更好地提升自身的带货和变现能力。

1 欢迎语

当有用户进入直播间后，抖音直播的评论区会有显示。主播在看到进直播间的用户后，可以对其表示欢迎。当然，为了避免欢迎语过于单一，主播可以根据自身和用户的特色来制定具体的欢迎语。具体来说，常见的欢迎语主要包括以下4 种。

（1）结合自身特色。例如："欢迎 ××× 来到我的直播间，希望我的歌声能够给您带来愉悦的心情。"

（2）根据用户的名字。例如："欢迎 ××× 的到来，看名字，你是很喜欢玩《××××》游戏吗？真巧，这款游戏我也经常玩！"

（3）根据用户的账号等级。例如："欢迎 ××× 进入直播间，哇，这么高的等级，看来是一位大佬了，求守护呀！"

（4）表达对忠实粉丝的欢迎。例如："欢迎×××回到我的直播间，差不多每场直播都能看到你，感谢一直以来的支持呀！"

2 感谢语

当用户在直播中购买产品，或者给你刷礼物时。你可以通过一定的话语对用户表示感谢。

（1）对购买产品的感谢。例如："谢谢大家的支持，××不到1小时就卖出了500件，大家太给力了，爱你们哦！"

（2）对刷礼物的感谢。例如："感谢××哥的嘉年华，这一下就让对方失去了战斗力，估计以后他都不敢找我PK了。××哥太厉害了，给你比心！"

3 提问语

在直播间向用户提问时，主播要使用更能提高用户积极性的话语。对此，主播可以从两个方面进行思考，具体如下。

（1）提供多个选择项，让用户自己选择。例如："接下来，大家是想听我唱歌，还是想看我跳舞呢？"

（2）让用户更好地参与其中。例如："想听我唱歌的打1，想看我跳舞的打2，我听大家的安排，好吗？"

4 引导语

主播要懂得引导用户，根据自身的目的，让用户为你助力。对此，主播可以根据自己的目的，用不同的说话技巧对用户进行引导，具体如下。

（1）引导购买。例如："天啊！果然好东西都很受欢迎，半个小时不到，××已经只剩下不到一半的库存了，要买的宝宝抓紧时间下单哦！"

（2）引导刷礼物。例如："我被对方超过了，大家给给力，让对方看看我们的真正的实力！"

（3）引导直播氛围。例如："咦！是我的信号断了吗？怎么我的直播评论区一直没有变化呢？喂！大家听不听得到我的声音呀，听到的宝宝请在评论区打个1。"

5 下播语

每场直播都有下播的时候，当直播即将结束时，主播应该通过下播语言技巧向用户传达信号。那么，如何向用户传达下播信号呢？主播可以重点从 3 个方面进行考虑，具体如下。

（1）感谢陪伴。例如："直播马上就要结束了，感谢大家在百忙之中抽出宝贵的时间来看我的直播。你们就是我直播的动力，是大家的支持让我一直坚持到了现在。期待下次直播还能再看到大家！"

（2）直播预告。例如："这次的直播要接近尾声了，时间太匆匆，还没和大家玩够就要暂时说再见了。喜欢主播的可以明晚 8 点进入我的直播间，到时候我们再一起玩呀！"

（3）表示祝福。例如："时间不早了，主播要下班了。大家好好休息，做个好梦，我们来日再聚！"

—— 打造个人特色，3 个方面考虑 ——

能够打造专属于自己的直播 IP 的主播，往往更容易从直播行业中脱颖而出。那么，在抖音直播中如何打造专属的直播 IP 呢？可以从以下 3 个方面进行考虑，即特色装饰、个人口头禅和独特造型。

1 特色装饰

主播可以通过直播间的特色装饰来打造个人直播特色，塑造专属的直播 IP。直播间的特色装饰有很多，既包括主播后面的背景，也包括直播间画面中的各种设置。相对于主播后面的背景，直播间画面中的相关设置通常要容易操作。

图 4-16 所示为抖音直播自带的特效功能，主播在进行直播时可以适当地加上一些特效，美化自己的直播间，给用户比较舒适的视觉感受，吸引更多的粉丝围观。

图 4-16　对直播间进行设置

2 个人口头禅

个人口头禅是人的一种标志，因为口头禅出现的次数比较多，再加上在他人听来通常具有一定的特色。所以，听到某人的口头禅后，我们很容易能记住这个人，并且在听到其他人说他（她）的口头禅时，我们也会想到将这句话作为口头禅在我们心中留下深刻印象的人。

在抖音短视频中，一些具有代表性的头部账号的视频主往往都有令人印象深刻的口头禅，如某位主播经常会说："OH MY GOD"。无论是短视频，还是直播，主播或视频中人物的口头禅都能令人印象深刻，甚至当用户在关注某个主播一段时间后，在听到主播在直播中说口头禅时，都会觉得特别亲切。

3 独特造型

我们在第一次看一个人时，除了看他（她）的长相和身材外，还会重点关注他（她）的穿着，或者说造型。所以，当主播以独特造型面对用户时，用户便能快速记住你，这样你的直播 IP 自然会快速地树立起来。

当然，这里也不是要大家故意做一些造型去哗众取宠，而是要在合理的范围内，以大多数用户可以接受的、具有一定特色的造型来做直播，争取用造型来给自己的直播 IP 塑造加分。

—— 了解卖货原则，考虑用户感受 ——

在直播卖货的时候，主播也需要遵循一定的原则，这里总结了比较重要的几条，具体如下。

（1）热情主动。同样的商品，为什么有的主播卖不动，有的主播简单几句话就能获得大量订单？当然，这可能与主播自身的流量有一定的关系，但即便是流量差不多的主播，同样的商品销量也可能会出现较大的差距。这很可能与主播的态度有一定的关系。

如果主播热情主动地与用户沟通，让用户觉得像朋友一样亲切，那么，用户自然会愿意为主播买单；反之，如果主播对用户爱答不理，让用户觉得自己被忽视了，那么，用户连直播都不太想看，也就更不用说去购买直播中的产品了。

（2）保存一定频率。俗话说得好："习惯成自然。"如果主播能够保存一定的直播频率。那么，忠实的用户便会养成定期观看的习惯。这样主播将获得越来越多的忠实用户，而用户贡献的购买力自然也会变得越来越强。

（3）为用户谋利。每个人都会考虑到自身的利益，用户也是如此。如果主播能够为用户谋利，那么，用户就会支持你，为你贡献购买力。

例如，某位非常有名的男主播曾经因为某品牌给他的产品价格不是最低，让粉丝买贵了，于是就向粉丝道歉，并让粉丝退货。此后，更主动停止了与该品牌的合作。虽然该主播此举让自己蒙受了一定的损失。但是，却让粉丝们看到了他在为粉丝们谋利，于是，他之后的直播获得了更多粉丝的支持。

当然，为用户谋利并不是一味地损失主播自身的利益，而是在不过分损失主播自身利益的情况下，让用户以更加优惠的价格购买直播间的产品，让用户看到主播确实在为他们考虑。

—— 掌握卖货技巧，提高购买欲望 ——

直播卖货不仅要将产品挂上链接，并将产品展示给用户，还要通过一定的技巧，提高用户的购买欲望。那么，直播卖货有哪些技巧呢？主播们可以从以下3个方面进行考虑。

（1）不要太贪心。虽然产品的销量和礼物的数量与主播的收入直接相关，但是主播也不能太过贪心，不能为了多赚一点钱，就把用户当作韭菜割。毕竟谁都不傻，当你把用户当韭菜割时，也就意味着你会损失一批忠实的粉丝。

（2）积极与用户互动。无论是买东西，还是刷礼物，用户都会有自己的考虑，如果主播达不到他们的心理预期，用户很可能也不会为你买单。那么，如何达到用户的心理预期呢？其中一种比较有效的方法就是通过与用户的互动，一步步地进行引导。

（3）亲身说法。对于自己销售的产品，主播最好在直播过程中将使用的过程展示给用户，并将使用过程中的良好感受分享给抖音用户。这样，用户在看直播的过程中，会对主播多一分信任感，也会更愿意购买主播推荐的产品。

第 . **5** . 章

选出火爆产品，
让你销量倍增

企业运营企业号的目的就是为了宣传自己的企业，
卖出自己的产品，而打造爆品是达到目的的最佳手段。
所以运营者应该了解并且深入研究如何打造爆品。
本章总结了一些打造爆品的经验，希望能助大家一臂
之力。

一、爆品的关键点，抓住 10 个要素

在种类繁多、形形色色的产品中，难得出一个爆品。对于企业号来说，爆品的打造首先就是要把握好制造爆品的关键点，这里的关键点包括找准用户针对营销、满足需求直击痛点、及早入场抢占用户、提高颜值留好眼缘等，这些要素是打造爆品的重要环节，必不可少。

—— 找准目标用户，进行精准营销 ——

打造一款成功的爆品，关键的一点就是——找准用户进行针对营销。作为爆品的创作者，你要清楚地了解你的消费者是谁。不仅如此，你最好还能生动形象地描述出消费者的各种特性以及其喜欢的生活状态，并在此基础上针对消费者的特性及其喜欢的生活状态进行营销。

那么，应该如何找准目标用户呢？方法有两种，一种是根据年龄分段，另一种是按照兴趣爱好划分，下面依次给大家介绍。

1 根据年龄分段

营销与人密不可分，研究营销之前一定要先了解人。因此，打造爆品也少不了对消费者心理的掌控，运营者可以根据消费者年龄分段，其分段的要点如下。

（1）消费者的划分以 5 岁为一段。

（2）与范围内的消费者深入交流。

（3）花几分钟时间形容消费者。

提供给客户"对症下药"的商品是很有必要的，举个例子，同样是面膜，不同年龄段的消费者对其功能的需求可能会不尽相同。20 岁左右的消费者可能比较需要护肤补水型的面膜，而 40 岁左右的消费者则可能更需要抗衰老型的面膜。此时，我们需要做的就是根据消费者的需求进行针对性的推销，给不同年龄阶段的消费者提供不同的产品。

在营销当道的时代，为了寻找到特定的目标消费群体，了解他们独有的消费需求，就要学会为不同类型的消费者提供相对应的产品或服务。如果不这么做，就很难找准受众，那么打造爆品也就成为空谈。

因此，要学会根据年龄分段去明确目标消费群体，而不是盲目地打造产品。可以利用这些群体年纪相仿的特性，找到他们相似的地方，即"共性"。然后根据他们的共同特征，尝试着就他们感兴趣的事物进行交流。如此一来，就能准确把握他们的想法和需求，从而打造出受人欢迎的爆品。

2 按照兴趣爱好划分

按照兴趣爱好或需求来划分的消费者通常与年龄无关，比如，很多人跨越年龄的鸿沟，彼此成为要好的朋友，只因为他们有相同的兴趣爱好。

比如喜欢电影的人，无论是 80 后、还是 90 后都喜欢去电影院看电影，因为他们都是喜欢享受影院氛围的人群。所以，"物以类聚，人以群分"还是有它的道理。因此，按照兴趣爱好划分消费人群有效地打破了年龄的限制，让不同年龄的人对同一种产品情有独钟。

例如，喜欢"小米"手机的可能是喜欢创新的科技爱好者；喜欢"特斯拉"汽车的可能是时尚家、创业达人。由此不难看出，相同类型的人对品牌的喜爱是建立在共同的兴趣爱好上的，这与所处的年龄阶段的关系不大。而大家需要明确的是，打造成功的爆品就需要抓住消费者的特点，从而找准目标消费群体，进行有针对性地营销。

例如，一款健康、营养价值比较高的核桃油虽然质量很好，而且价格也不是特别贵，但一直找不到营销的好办法，其销售状况令人担忧。于是，企业对消费人群进行了调查研究，制定了相关的解决方案，具体如下。

（1）卖油之前先卖核桃，更符合消费者心意。

（2）缩小目标范围，击中消费者的痛点。

（3）设计消费场景，打动消费者的心。

无论销售什么产品，都应该对消费者进行分类确定，可以按照年龄阶段划分，也可以根据兴趣爱好区别，总之要找准目标消费群体。这样，我们就可以顺利地找到他们的消费需求，从而更好地进行有针对性地营销。

在打造爆品的时候，比对手先下手就意味着拥有了赢在起跑线的优势。在互联网发展得如火如荼的时代，不仅要把握好内容打造和发布的速度，还要以"快"来占领市场。

消费者的心智和头脑影响其对产品的看法和需求。通俗地说，就是当消费者脑海里浮现出某个名称、品种、观点、事物的时候，最先想到的品牌和产品，比如，大自然的搬运工——农夫山泉；我的眼里只有你——娃哈哈纯净水等。

那么，为什么要早入场抢占消费者呢？主要有两个原因：一是消费者接收的信息太多太杂，如果不能及早抢占消费者，就难以在消费者心中留下深刻的印象；二是消费者需要的产品多数有品牌，如果你的产品不能及早抢占消费者，那么你的产品将很难与这些品牌竞争。

因此，抖音企业号运营者需要比对手更早进场，全面且深入地占领消费者的这块领地，稳稳扎根于消费者之中。以某有机辣酱为例，这是一款时尚、新鲜的有机产品，其产品特色包括无转基因、无农药和无化肥。

如果把它与传统的辣酱相对比，就会发现这款辣酱的不足与优势所在，如表 5-1 所示。

表 5-1　某有机辣酱与传统辣酱的比较

辣酱类别	优点	缺点
传统辣酱	比较开胃、保质期长	太油腻、口味重
某有机辣酱	香而不腻、辣而少油、健康营养	冷藏储存、保质期短

面对这样的状况，该有机辣酱为了成为爆品，努力深挖产品特质，即新鲜和有机绿色。于是"鲜"就成了该有机辣椒酱的主打，连该品牌的微博头像都竭力突出一个"鲜"字。

值得注意的是，比对手更早入场也要注意不能太过急躁，不能为了打造爆品而犯如下这些错误。

（1）无限扩大抢占目标受众的范围。

（2）用广告获得消费者对产品的认可。

—— 注重产品"颜值"，吸引用户目光 ——

在这个"颜值"当道的时代，无论是人还是产品，都十分注重"颜值"。美的事物人人都会追求，因此，"颜值"高的产品往往能在第一眼就吸引消费，从而变成人人都爱的爆品。

作为爆品，如果没有夺人眼球的外观，是很难成功的。问题的关键是消费者为什么那么关注外观？产品"颜值"的重要性又体现在哪里？其大致有 3 点，具体如下。

（1）初次印象举足轻重。

（2）"颜值"高就是优势。

（3）"颜值"高才能更好地被展示。

如何对产品的"颜值"进行检测，确定其达到高"颜值"的标准，从而使之成为爆品呢？首先是对产品的"颜值"进行测验的方法，主要分为自测法与他测法。自测法就是自行打造高颜值的产品，如产品颜色以纯色为主、产品线条比较流畅、潮流时尚的产品外形设计等；他测法则是从其他地方测试产品的颜值，如征集新的消费者对产品颜值的意见，让网友对产品颜值进行点评，把产品与其他同类型产品进行比较等。

然后应该如何提升"颜值"，这对于产品的"颜值"来说是十分重要的问题。笔者将其总结为 3 点，具体如下。

（1）了解出色的设计作品。

（2）学习并加上创新元素。

（3）聘请专业的设计团队。

可以说，产品有了高"颜值"，再加上其他方面的优势，想要成为爆品绝不是一件难事，毕竟高"颜值"的事物都是深受消费者喜爱的。

—— 独一无二的点，展现产品优势 ——

一个产品拥有让人尖叫的点，意思就是该产品能够为消费者提供良好的消费体验，让消费者在购买以及使用产品的过程中对产品及其相关服务产生的一种认知和感受。而这种体验的好坏会直接影响消费者是否会对该产品产生好感，并进行二次购买或者对该企业或者品牌留下比较好的印象，从而成为该企业的老客户。

很多企业和商家都无法提供让消费者满意的消费体验，原因就在于他们没有很好地发挥出自己的优势，或者没有站在消费者的角度为其考虑，这样如何能打造爆品呢？爆品的成功打造为什么要展现产品的优势，替消费者考虑呢？原因可总结为如下 3 点。

（1）用户体验决定产品或服务的价值。

（2）用户体验决定其是否值得传播。

（3）用户体验决定是否进行二次购买。

以某品牌服饰店为例，它不仅全面展示出自身优势，还全心全意为消费者考虑，做到了把消费者的体验放在第一位。比如，特别注重产品的细节方面带给消费者的体验，以店铺中一款女式衬衣为例，在产品的设计上，尤其注重细节方面的打造，具体内容如下。

（1）简洁的领口设计，注重舒适体验。

（2）绑带的镂空设计，注重时尚体验。

（3）不规则的下摆设计，注重个性体验。

该品牌对产品的细心打造为消费者提供了优质的体验，因此赢得了不少消费者的好评和认同。为消费者提供优质的体验需要倾注全部的心血，不仅如此，还要学会从消费者的角度出发，为消费者考虑，知道他们需要什么样的产品和服务，才能打造出令人喜爱、受人欢迎的爆品。

—— 找到用户需求，补足市场缺口 ——

许多生产厂家的一贯思路就是先进行产品定位，然后根据产品定位进行营销，将产品推销给目标消费者。这种营销方式虽然能够提高营销的针对性，但是，因为市场中同类型的产品比较多，难以打造产品的特色。所以，产品通常很难达到比较理想的营销效果。

其实，如果能够转换一下思路，就能获得意想不到的效果。比如，生产厂家可以根据消费者的需求定位产品，找到消费者需求较为强烈而市场上又相对缺乏的产品，打造具有特色的产品。

例如，夏季到了，天气炎热，许多人在家里都是吹空调和风扇，但是，外出的时候空调和普通风扇无法随身携带。于是，部分厂家联合抖音电商运营者推出了手持小风扇，并将其可随身携带的特点作为营销重点。该产品推出来之后，受到了消费者的热烈欢迎。图 5-1 所示为某店铺手持小风扇的销售界面，可以看到其夏季某月的销量超过了 3 000 件，累计评价近 20 万次。

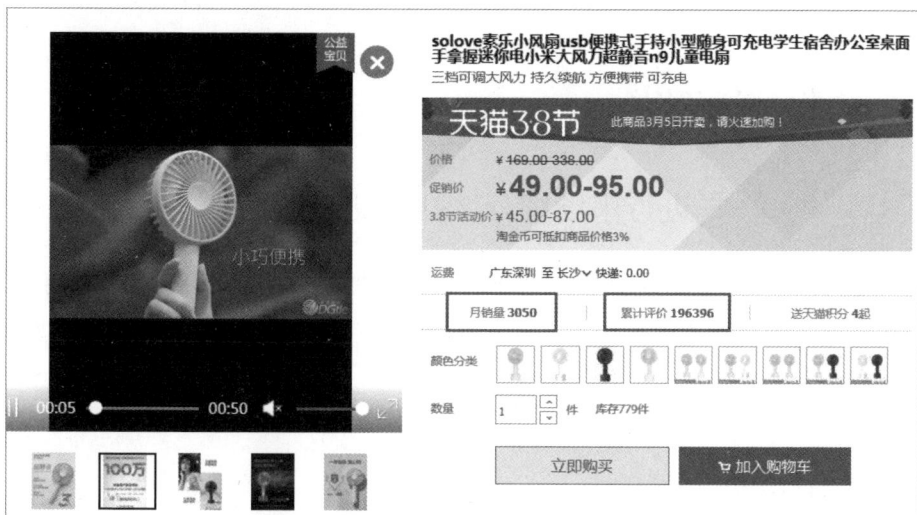

图 5-1　某店铺手持小风扇的销售界面

—— 挖掘潜力产品，设计营销体系 ——

怎样对产品进行营销才能更好地打造爆品呢？企业号运营者可以重点从如下4 个方面设计产品营销体系，全面地对产品进行营销，在提高产品知名度的同时，刺激消费者的购买需求。

（1）产品（或服务）。消费者购买的是产品（或服务），因此对于抖音运营者来说，如何根据产品进行营销，让消费者看到产品的特色和优势非常关键。毕竟，对于相对理性的消费者来说，只有他们认为自己需要的产品（或服务），才会选择进行购买。

（2）品牌。对于部分消费者来说，产品的品牌是他们做出购买决定的重要参考因素之一。因为在这些消费者看来，知名度高、口碑好的品牌，其旗下的产品往往更容易让人放心。因此，企业运营者在进行营销时，一方面可以将品牌的知名度和口碑作为一个宣传重点，另一方面也需要想办法提高品牌的知名度和口碑，增强品牌的信服力。

（3）价格。产品的价格一直以来都是消费者购买产品的重要参考因素之一。如果产品在保证质量的前提下还具有价格优势，运营者就可以将其作为一个营销重点，吸引消费者进店消费。

（4）渠道。一般情况下，营销的渠道越多，营销的效果通常就会越好。对此，抖音电商运营者可以结合抖音平台和电商平台，以及各大新媒体平台进行营销，提高产品的传达率和知名度。

—— 进行市场细分，找到切入的点 ——

在进行产品打造之前，需要通过细分市场找到产品打造的切入点，只有这样，才能精准地占领消费者市场。那么，在对市场进行细分时需要注意哪些问题呢？可将其总结为以下几点。

（1）给产品定好位。

（2）对市场进行分类。

（3）明确企业和店铺的发展方向。

为了找到产品打造的切入点，更好地吸引消费者的注意力，企业要在市场的细分上下大功夫。一方面要注意了解市场的动态和趋势，另一方面要让企业的产品跟上市场的步伐和布局，做到精准出击。

有些企业在一头雾水、思绪混乱的情况下就开始对产品进行打造。实际上这种做法的效率不高，因为企业打造出来的产品没有针对性，往往与市场的需求不对口。因此，企业需要做的就是细分市场，把自己的产品与市场的需求结合在一起，不求大、不求多，只求精且有效。如此一来，就能打造出消费者喜欢的产品，得到消费者的大力认同和支持，从而树立起牢固的口碑。

某文化公司为了打造出好产品，对市场进行了有效细分，专注于微信公众号运营这一个单点，并由此衍生出多个精品，形成良好的口碑。例如，《微信公众营销：赚钱技巧＋人气打造＋运营方案＋成功案例》《微信公众号运营：数据精准营销＋内容运营＋商业变现》《微信公众号运营：微信群的组建、吸粉和营销》等作品，都是通过对微信营销进行深度挖掘后形成的优秀书籍。

对于市场的细分一定要重视，不然只会导致产品与市场的错位，从而浪费很多资源。为了节省时间和资源，打造效果最佳的产品，细分市场、精准出击才是正确的选择。总之，要注重各方面细节，做到谨小慎微、一丝不苟。

—— 获得价值认同，利用用户情感 ——

有一款杯子原价是 199 元，却被人炒到了 600 元。可即便是如此，仍有部分消费者肯花钱购买。看到这里，相信部分读者已经知道笔者说的就是星巴克猫爪杯了。图 5-2 所示为星巴克猫爪杯外观图。

图 5-2　星巴克猫爪杯

看到这款杯子的外形，许多人可能会觉得它不过就是外观有些特别的杯子而已，"颜值"不错，但是卖 199 元都有些贵了，而卖到 600 元还有人买，简直就是一件无法理解的事。然而，这件看似不可能的事就是发生了。那么，星巴克猫爪杯为什么卖这么贵还有人买呢，甚至是价格越抬越高？在笔者看来，主要还是因为它获得了消费者的价值和情感认同。

一方面，星巴克作为一个知名的品牌，而该款杯子又是限量的，所以，它在许多经常喝星巴克饮品的消费者心中具有无可估量的价值。这与明星签名有相似之处，在普通人看来，它可能并没有太大的价值，但是，对于粉丝来说，只要能拿到，花一些钱也可以接受。

另一方面，这款杯子中的猫爪形状满足了部分"猫奴们"的情感需求。在"猫奴们"看来，只要是与猫相关的产品，便会引起他们的情感认同，在购买时便多了一层情感附加值。再加上该款杯子颜值相对较高，所以许多人愿意购买，哪怕只是放在家里欣赏也觉得值得。

—— 抓住长尾市场，打造企业口碑 ——

产品的打造一是要有个性，二是要抓住长尾。市场需求大致可以分为两类：一类是主流的需求，这部分需求被称为头部需求；另一类则是相对个性化的、小众的需求，这部分需求被称为尾部需求。

大多数企业在给产品定位时，想的可能是提供大多数人都能用的产品。殊不知，这样的产品做的人往往也是比较多的，而那些需求较少的，也就是我们说的长尾需求却容易被人忽视。其实只要抓住了长尾需求，小众的产品也能创造巨大的价值。

在产品的打造过程中，可以通过产品的特色更好地吸引消费者。打个最简单的比方，如果一个长相平平、没有任何特点的人走在人群中，肯定不会引起多少人的关注，但如果是一个长得漂亮或者是丑陋的人，就会使得别人多看几眼。

在这里，"漂亮"和"丑陋"就是人拥有的特色，产品也是如此。那么，在打造产品的时候，应该如何给产品注入特色呢？主要有以下 3 点，即外观设计要新颖、功能要有亮点、宣传方式要独特。由此可见，为产品注入特色不仅是从产品本身入手，还要兼顾产品的营销过程。因为打造产品的目的是赢得消费者的喜爱，并使口碑顺利树立，因此，任何方面都不能忽视。

至于如何抓住长尾，我们不妨以"唯品会"为例进行说明，其部分产品十分热销，尤其是服饰、箱包之类的产品。但是它也懂得抓住剩下的市场，因为其他产品加起来的销量与热销的产品份额差不多，这就是"长尾效应"，抓住长尾也是一种打造口碑的巧妙途径。图 5-3 所示为"唯品会"的网页页面截图。

为了树立企业的口碑，产品的个性打造是绝对不能放松的，而且是关键。当然，为了最大限度地得到消费者的认可，也要学会抓住长尾，做到头尾两不误。

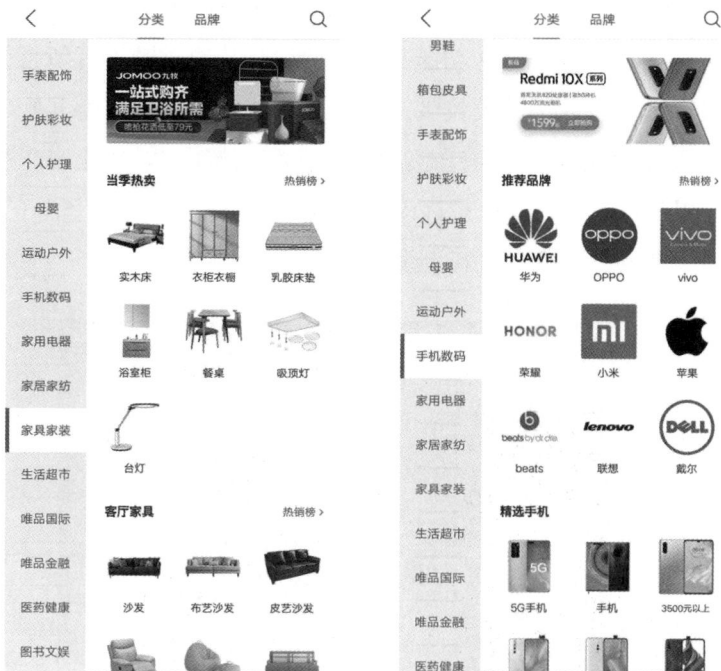

图5-3 "唯品会"网页页面截图

—— 对比其他企业，赢得市场口碑 ——

打造产品还可以借助比衬这一行之有效的方法，如果想要通过产品的打造来赢得市场口碑，吸引消费者购买，也可以借助别的知名品牌的名气达到目的。通俗地说，就是借势为自己的产品打广告、做宣传。

一般而言，这种方法是为新兴企业打响自己的品牌知名度量身定做的，因为单单依靠抖商自身的力量而让产品被消费者熟知，并快速地树立起企业的口碑，是一件充满挑战性的事情。因此，运营者一方面要保障好产品的质量，另一方面也要学会借比衬突出产品优势。那么，具体要怎么做呢？下面将详细介绍比衬的具体操作方法。

1 产品兼顾质量和特色

虽然是利用其他品牌来进行比衬，但企业切记要注重自身产品的质量，具体要做到"三要"，即要有品质、要有个性、要有亮点。如果产品自身毫无特色，而且质量又不过关，那么借助比衬突出的就是产品的缺点和不足，效果只会适得

119

其反。反之，产品将凭借自己的独特优势获得消费者的赞同，从而迅速树立口碑。

以"小米"为例，其良好的功能和美观的设计一直被消费者所喜爱，而"苹果"手机一直以来是行业中的佼佼者，那么"小米"的优势在哪儿呢？其最为显著的优势当属极高的性价比，同样是功能相近的智能手机，"小米"手机的价格往往要比"苹果"低得多，这也是许多人成为"米粉"（小米粉丝）的重要原因。图 5-4 所示为"小米"手机在抖音上发布的短视频截图。

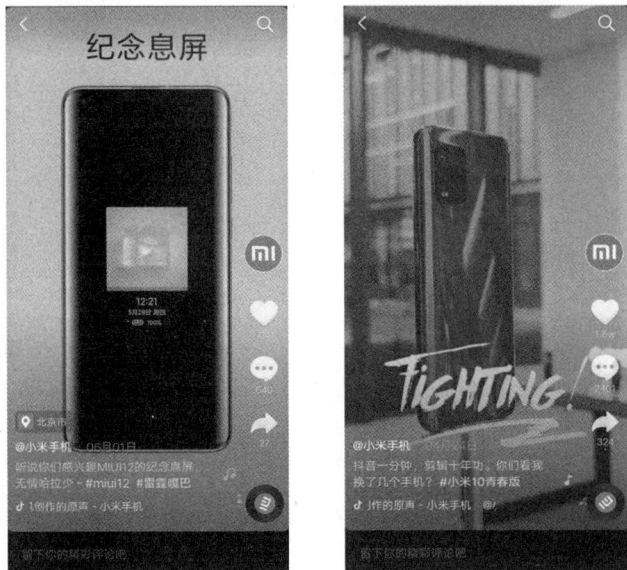

图 5-4 "小米"手机发布的短视频

2 与的知名品牌做比较

在选择别的企业作为比衬参考时，要有相应的标准，不能随意乱找，敷衍了事，因为你选择的对比对象，将影响你产品或企业的高度。具体来说，选择的对比对象要满足以下 3 个条件。

（1）市场业绩要高。

（2）声誉要好。

（3）知名度要高。

选择这样的"靠谱"对象进行比衬，对于企业和店铺本身来说比较有利，因为大品牌往往已经形成了固定的消费群体和强大的影响力，借助大品牌的势头能够快速吸引消费者的关注，从而打造口碑，更精准地占领目标市场。

3 不能一味地贬低别人

在通过比衬来突出自身品牌时，切忌不能走偏。比衬的实质是借势，而不是通过贬低别人来抬高自己。在对比的过程中需要明确的有两点：一是比衬不等于"否定"；二是比衬时不能恶意诽谤。

有些企业如果在比衬的过程中没有找对方向或者没有把握好尺度，就会步入"歧途"，做出对其他品牌不利的事情，比如故意抹黑、雇佣水军等。这样做带来的结果只会让企业陷入困境，严重的话，可能会使得企业元气大伤。

不管怎样，如果想要通过比衬这种方式博得更多关注，打造口碑，就应该把好产品质量关，寻找正确的比衬参考方式，以便突出自身产品的特有优势。只有这样，才能吸引众多消费者的眼球，继而得到他们的喜爱和追捧。当然，运营者也要注意比衬应注意的相关事项，以免走向错误的方向，无法取得理想的结果。

二. 借助营销技巧，引爆产品销量

在当今社会，酒香也怕巷子深，如果不能掌握一定的营销方法，即便是再好的事物，可能也难以为人所知，也就更不用说变现赚钱了。企业号运营者要想将产品前景和"钱景"握在手中，借助营销引爆销量，需要掌握一些必要的营销方法。

—— 通过活动营销，快速吸引用户 ——

活动营销是指整合相关的资源策划相关的活动，从而卖出产品，提升企业和店铺形象的一种营销方式。营销活动的推出，能够提升客户的依赖度和忠诚度，更利于培养核心用户。

活动营销是各种商家最常采用的营销方式之一，常见的活动营销的种类包括抽奖营销、签到营销、红包营销、打折营销和团购营销等。许多店铺通常会采取"秒杀""清仓""抢购"等方式，以相对优惠的价格吸引用户购买产品，增加平台的流量。

这种活动营销的案例在淘宝中比较常见，企业想要在竞争激烈的市场中脱颖而出，被大家看到，除了产品要有比较好的质量外，还需要借助优惠活动给产品更多的曝光机会，吸引更多的消费者，从而达到产品营销的目的。图 5-5 所示为淘宝中的活动营销案例。

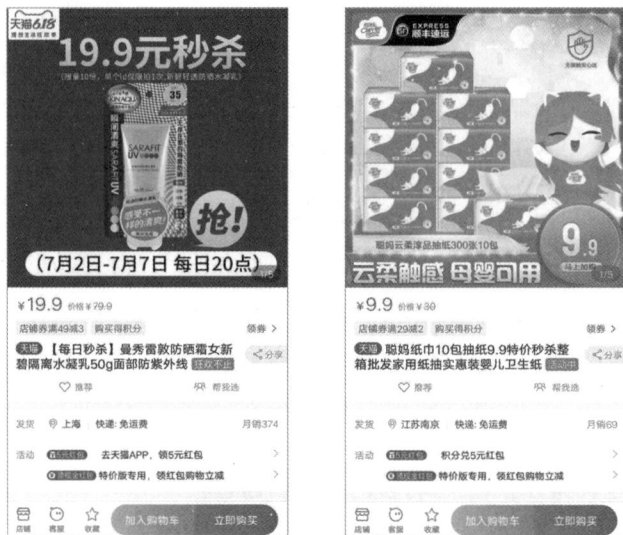

图 5-5　淘宝中的活动营销案例

在抖音中进行活动营销与在淘宝中进行活动营销差不多，只是换了一个平台而已，如图 5-6 所示。

图 5-6　抖音中的活动营销案例

活动营销的重点不在于活动这个表现形式，而在于活动中的具体内容。也就是说，企业号运营者在做活动营销时需要选取用户感兴趣的内容，否则可能难以收到预期的效果。对此，企业号运营者需要将活动营销与用户营销结合起来，以活动为外衣，把用户需求作为内容进行填充。比如，当用户因商品价格较高不愿下单时，可以通过发放满减优惠券的方式，适度让利，薄利多销。

—— 进行饥饿营销，限量引发抢购 ——

饥饿营销属于一种常见的营销战略，但要想采用饥饿营销策略，首先产品要有一定的真实价值，并且品牌在大众心中有一定的影响力，否则目标用户可能并不会买账。饥饿营销实际上就是通过降低产品供应量，造成供不应求的假象，从而形成品牌效应，快速销售产品。

饥饿营销运用得当，产生的良好效果是很明显的，对店铺的长期发展十分有利。图 5-7 所示为某头戴式耳机的饥饿营销相关界面，通过极低的价格销售较为有限的数量的方式，使有需求的消费者疯狂抢购。

图 5-7　头戴式耳机的饥饿营销相关界面

对于运营者来说，饥饿营销主要起到两个作用。一是获取流量，制造短期热度。比如，微波炉蒸烤箱的"秒杀"活动中，受价格的影响，大量消费者将涌入该产品的购买页面。二是增加认知度，随着此次"秒杀"活动的开展，许多用户在很短时间内对品牌的印象加深，品牌的认知度获得提高。

—— 借助事件营销，结合时事热点 ——

事件营销就是借助具有一定价值的新闻、事件，结合自身产品的特点进行宣传、推广，从而达到产品销售的目的的一种营销手段。运用事件营销引爆产品的关键在于结合热点和时事。

以"垃圾分类"的为例，随着话题的出现，一大批明星名人也迅速加入话题讨论，使其成为网络一大热点。许多厂家和店铺看到该事件之后，推出了垃圾分类桶，如图 5-8 所示。

图 5-8　垃圾分类桶

该垃圾分类桶推出后，借助"垃圾分类"这个热点事件，再加上该产品在抖音等平台的疯狂宣传，该垃圾分类桶的知名度大幅度提高，随之而来的是大量消费者涌入店铺，产品成交量快速增加。

综上所述，事件营销对于打造爆品十分有利，但是事件营销如果运用不当，也会产生一些不好的影响。因此，在事件营销中需要注意几个问题，如事件营销要符合法规、事件要与产品有关联性、营销过程中要控制好风险等。

事件营销具有几大特性，分别为重要性、趣味性、接近性、针对性、主动性、保密性、可引导性等。这些特性决定了事件营销可以帮助产品变得火爆，从而成功达到提高产品销量的效果。

—— 利用口碑营销，好评刺激消费 ——

在互联网时代，消费者很容易受到口碑的影响，当某一事物受到主流市场推崇时，大多数人都会对其产生兴趣。对于抖音电商运营者来说，口碑营销主要是通过好评，进而通过产品的口碑带动流量，让更多消费者出于信任购买产品。

常见的口碑营销方式主要包括经验性口碑营销、继发性口碑营销和意识性口碑营销，接下来，笔者就来分别进行简要的解读。

1 经验性口碑营销

经验性口碑营销主要是从消费者的使用经验入手，通过消费者的评论让其他用户认可产品，从而达到营销效果。图 5-9 所示为"完美日记"某商品的评论界面。

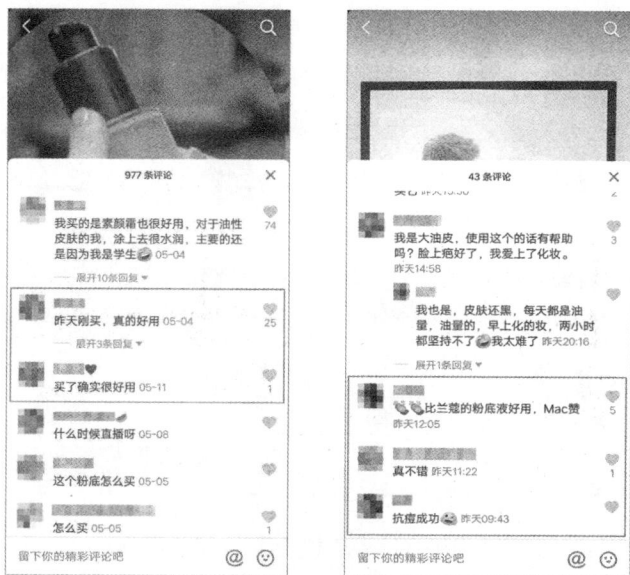

图 5-9 "完美日记"某商品的评论界面

随着电商购物的发展，越来越多的人开始养成这样一个习惯，就是在购买某件产品时一定要先查看他人对该产品的评价，以此对产品的口碑进行评估，并且与其他商家的同类产品进行比较。当店铺中某件商品的总体评价较好时，产品便可凭借口碑获得不错的营销效果。

比如，在图 5-9 中，绝大多数用户都是直接给好评，所以当其他用户刷到短视频，点开评论看到这些评价时，可能会认为该产品总体比较好，并在此印象下将之加入购物清单。这样一来，产品便借由口碑将营销变为"赢销"。

2 继发性口碑营销

继发性口碑的来源较为直接，就是消费者直接在抖音平台和电商平台上了解相关的信息，从而逐步形成的口碑效应，这种口碑往往来源于抖音平台和电商平台上的相关活动。

以"京东"为例，在该电商平台中，通过"京东秒杀""大牌闪购""品类秒杀"等活动，给予消费者一定的优惠。所以，"京东"便借助这个优势在消费者心中形成了口碑效应。图 5-10 所示为"京东秒杀"的相关界面。

图 5-10 "京东秒杀"的相关界面

3 意识性口碑营销

意识性口碑营销，主要是由名人效应延伸的产品口碑营销，往往由名人的名气决定营销效果，同时明星的粉丝群体也会进一步帮助提升产品的形象，打造品牌。图 5-11 所示意识性口碑营销案例。

相比于其他推广方式，请明星代言的优势就在于，明星的粉丝很容易"爱屋及乌"，在选择产品时，有意识地将自己偶像代言的品牌作为首选，有的粉丝为了扩大偶像的影响力，甚至还会将明星的代言内容进行宣传。

图 5-11　意识性口碑营销案例

意识性口碑营销实际上就是借助从众心理，通过消费者的自主传播，吸引更多消费者购买产品。在此过程中，非常关键的一点就是消费者好评的打造。

──　借助外力营销，合作共创双赢　──

借力营销主要是指借助外力或别人的优势资源，来实现自身的目标或者达到相关的效果，属于合作共赢的模式。比如，企业运营者在产品的推广过程中存在自身无法完成的工作，如果其他人擅长这一方面的工作，就可以通过合作达成目标。

在进行借力营销时，运营者可以借力的内容具体如下。

（1）品牌的借力。借助其他知名品牌，快速提升品牌和店铺的知名度和影响力。

（2）用户的借力。借助其他平台中用户群体的力量，宣传店铺及其产品。

（3）渠道的借力。借助其他企业擅长的渠道和领域，节省资源、合作共赢。

图 5-12 所示为"可口可乐"借力优酷视频进行营销的相关画面。该品牌的相关人员通过将视频上传至优酷视频的方式，借助视频将优酷视频的用户变为品牌和产品的宣传对象，从而增加品牌和产品的宣传力度和影响范围。

图 5-12　"可口可乐"借力优酷视频营销

借力营销能获得怎样的效果，关键在于借力对象的影响力。所以，在采用借力营销策略时，运营者应尽可能地选择影响力大，且包含大量目标用户的平台，而不能抱着广泛撒网的方式到处去借力。

不要撒网式借力主要有两方面的原因：首先，企业号运营者的时间和精力是有限的，这种广泛借力的方式对于大多数运营者来说明显不适用；其次，盲目地借力并不能将信息传递给目标消费者，结果可能是花了大量时间和精力，却无法取得预期的营销效果。

—— 注重内容营销，增强产品吸引 ——

内容营销是指依靠一些有内容的事物进行营销的行为，就企业号来说，就是利用所发布的作品（包括视频和图片），传播企业的品牌文化和价值卖点，借此吸引粉丝的注意力，最终实现变现的目的。同时，内容营销可以帮助运营者增强企业的吸引力，促进企业的全面爆发。

内容营销可以通过各种渠道来进行，如抖音、微博、博客、微信公众号、企业官网、移动端应用等，这里还是主要讲解抖音平台的内容营销。图 5-13 所示为抖音企业号"荣耀手机"发布的短视频截图。该企业号经常在抖音平台发布自己产品的视频，介绍产品的功能和优势，吸引更多的用户观看视频，然后购买公司的产品。

图 5-13   "荣耀手机"发布的短视频

方案性内容营销对于用户来说价值很高，用户可以从中学到相关知识和经验，充实自我，提升自身的能力。当然，对于营销者而言，在方案性内容策划和写作上都存在难点，有丰富经验的营销者才能够把握得好。

值得注意的是，内容营销在利用内容吸引用户关注，打造企业 IP 时，要注意内容的选取。只有选对了内容方向，才能实现最佳的引流效果。图 5-14 所示为 IP 做内容营销的基本要求。

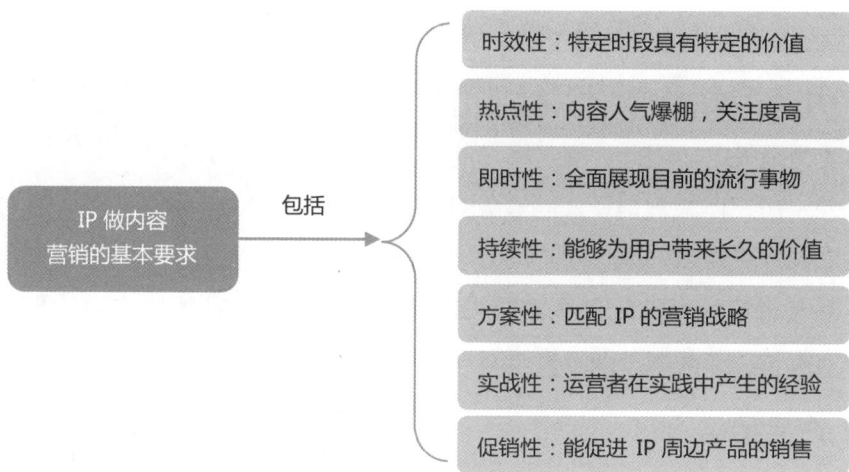

图 5-14   IP 做内容营销的基本要求

内容营销是打造企业 IP 的一种绝佳方式，因为此种营销模式更为全面，更易引爆 IP 流量，从而吸引更多用户为企业买单。

—— 利用用户营销，满足精准需求 ——

用户在使用产品的过程中会了解到企业的文化以及价值观等信息，这就是用户体验营销模式。

以亚马逊中国为例，它作为知名的网上综合购物平台，其以用户需求为中心的营销理念得到了不少业界人士的赞赏，同时也培养了不少忠实的客户，形成了品牌影响力。图 5-15 所示为亚马逊中国的官网。

图 5-15　亚马逊中国的官网

用户体验营销模式有利于爆品的打造，因为产品想要火爆，一定是以获得用户的喜爱为前提的，因此，满足用户的精准需求十分重要。

此外，用户体验营销模式能够吸引用户，加强用户与企业的联系，各种个性化的功能设计更能瞬间抓住用户的心，让用户离不开企业所推出的产品和服务。那么，亚马逊中国究竟是怎么做的呢？其用户营销具体从哪些方面体现出来的呢？下面将从产品和服务两方面来对亚马逊中国的营销方法进行分析。

1 产品策略

亚马逊中国的产品早先以音像制品为主，后来为了满足消费者需求，开始扩展到多个领域，如图书、母婴、电子配件、家居、美妆、办公等，如图 5-16 所示。

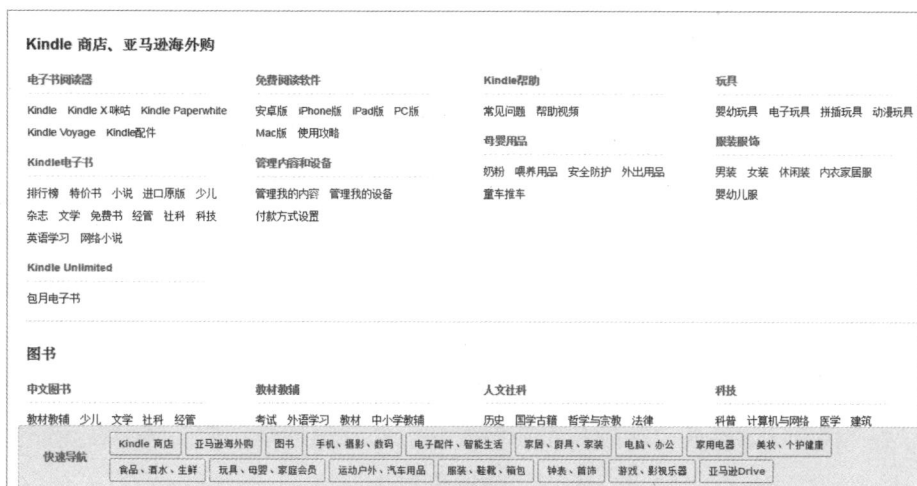

图 5-16　亚马逊中国的产品分类

虽然亚马逊中国的产品种类越来越丰富，但它还是秉承"品质至上"的理念，做到了"大而精"，保证产品都是正品，全力满足消费者的需求，此外，其网上独家销售也是吸引用户的一大主要原因。

2 服务策略

亚马逊中国用户营销的成功，与其贴心的服务是分不开的。其服务包括物流服务、退换货服务以及支付服务。

以物流服务为例，对于网络购物而言，物流服务是消费者最重视的因素之一，亚马逊中国从消费者角度出发，保证物流服务的周到，而且还不惜成本打造了"自建物流中心"，以提升用户的购物体验。

除此之外，亚马逊为了满足部分客户的特殊需求，提供最优质的服务，特意在深圳、上海、广州、天津、苏州、佛山等多个城市开通了"加急配送"。

从亚马逊中国的例子可以看出，用户体验营销不仅要从用户角度思考问题，还要不惜代价地去培养"铁杆粉丝"，才能达到引爆产品的效果。

用户体验营销的模式能够使得用户对产品产生坚定的信心，不必担心用户的流失，只要坚持从用户的角度出发思考问题，就能成功引爆产品。

—— 实现品牌营销，名气销量齐飞 ——

品牌营销是指企业通过向消费者传递品牌价值的方式来得到消费者的认可和肯定，以达到维持稳定销量、获得良好口碑的目的。通常来说，品牌营销需要企业倾注很大的心血，因为打响品牌不是一件容易的事情，市场上生产产品的企业和商家千千万万，能被消费者记住和青睐的却只有那么几家。

因此，如果企业想要通过品牌营销的方式来引爆产品，树立口碑，就应该从一点一滴做起，日积月累，坚持不懈。这样才能齐抓名气和销量，赢得消费者的青睐和追捧。

品牌营销可以为产品打造一个深入人心的形象，然后让消费者为品牌下的产品买单，成功打造爆品。品牌营销需要有相应的营销策略，如品牌个性、品牌传播、品牌销售和品牌管理，以便让品牌被消费者记住。

以丹麦的服装品牌"ONLY"为例，其品牌精神为前卫、个性十足、真实、自信等，这些很好地诠释了产品的风格。同时，"ONLY"利用自身的品牌优势在全球开设了多家店铺，获得了丰厚的利润，赢得了众多消费者的喜爱。

"ONLY"的品牌营销策略也是一步一步从无到有摸索出来的，它也是依靠自己的努力慢慢找到品牌营销的窍门，从而打造出受人欢迎的爆品。企业要学会掌握品牌营销的优势，逐个击破。图 5-17 所示为"ONLY"的官网页面。

图 5-17　"ONLY"的官网页面

那么，品牌营销的优势究竟有哪些呢？主要有以下 4 点。

（1）有利于满足消费者需求。

（2）有利于提升企业水平。

（3）有利于企业与其他对手竞争。

（4）有利于企业效率的提高。

品牌营销的优势不仅对企业有利，而且有利于爆品的打造，总之一切都是为了更好地满足消费者的需求。

第 . **6** . 章

掌握数据分析，
提高运营能力

通过抖音的相关数据，我们不仅可以知道一条视频是否受抖音用户的欢迎，还可以通过对数据进行分析，了解和弥补自身的不足，从而在此基础上针对性地提高抖音账号的卖货能力。

一 了解数据情况，运营得心应手

企业号运营者想要运营好自己的账号，除了在内容、宣传等方面上心外，还需要对自己的账号有所了解，也就是说要及时了解自己账号的相关数据。了解账号数据的情况有两种方法，一种是通过抖音平台的后台了解数据，在抖音账号后台可以了解到 3 种数据，即企业数据、作品数据、粉丝数据。那么，运营者如何找到这 3 项数据呢？具体操作步骤如下。

▶▶ STEP01 登录抖音短视频 App，进入"我"页面，❶点击█████按钮，弹出一个新的界面；❷点击该界面中的"企业服务中心"按钮，如图 6-1 所示。

▶▶ STEP02 进入新的界面，点击该界面中"数据概要"一栏后面的"查看更多"按钮，如图 6-2 所示。

▶▶ STEP03 进入企业账号的"数据中心"界面，在该界面有"企业数据""作品数据""粉丝数据"选项，如图 6-3 所示。

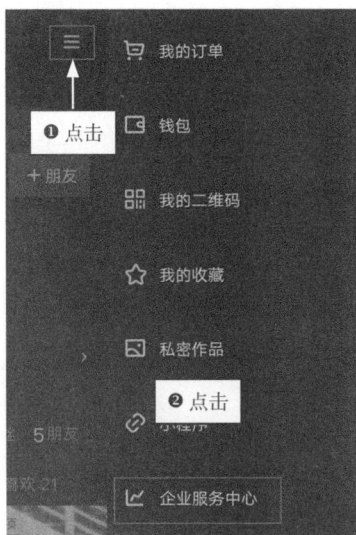

图 6-1　点击"企业服务中心"
按钮

图 6-2　点击"查看更
多"按钮

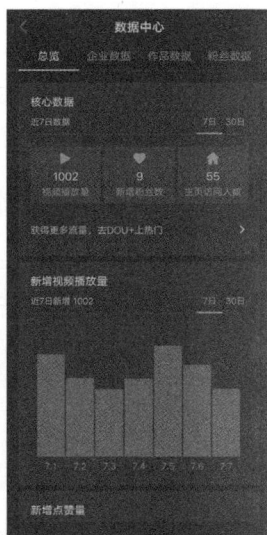

图 6-3　"数据中心"
界面

另一种方法是借助其他的数据平台分析抖音账号的数据，一般用得比较多的是飞瓜数据平台。下面以飞瓜数据平台为例讲解抖音企业号的数据分析。

—— 查看整体数据，把握账号情况 ——

下面以抖音号"华为终端"为例，讲解它在飞瓜数据平台的数据分析情况，希望给大家一些实用的参考，具体如下。

▶▶ STEP01 利用搜索引擎搜索"飞瓜数据"，单击官网链接，如图 6-4 所示。

图 6-4 单击官网链接

▶▶ STEP02 进入飞瓜数据的官网页面，单击该页面中的"抖音版"按钮，如图 6-5 所示。

图 6-5 单击"抖音版"按钮

▶▶ STEP03 进入新的页面，单击该页面中的"立即使用"按钮，如图 6-6 所示。然后弹出一个二维码，用微信扫描该二维码，即可进入飞瓜数据的页面。

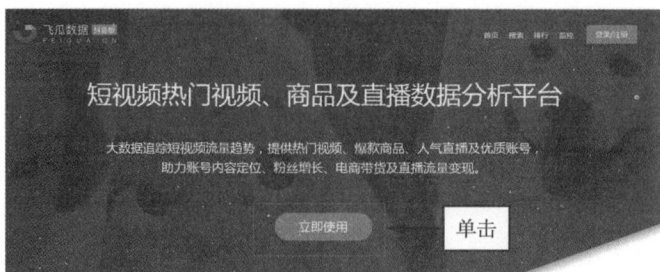

图 6-6 单击"立即使用"按钮

▶▶ STEP04 在飞瓜数据首页搜索"华为终端",进入"华为终端"的数据页面,如图 6-7 所示。

图 6-7 "华为终端"数据页面

然后,运营者进入账号整体数据分析的阶段,在这个阶段一般需要分析 4 个数据,即"粉丝趋势""点赞趋势""评论趋势""近 30 天作品表现"。

1 粉丝趋势

这个数据主要呈现的是某段时间内粉丝的增减情况,根据这个数据我们可以研究具体某一天的粉丝增减情况,然后思考这一天粉丝增加的原因或者是减少的原因,尤其是对那些增减数据比较夸张的时间段进行着重研究。

图 6-8 所示为"华为终端"2020 年 7 月 1 日到 7 月 7 日的粉丝增量趋势图。从图中可以看到,分析的时间段是可以选择的,除了可以看某段时间内的粉丝增量之外,还可以看粉丝总量的数据情况。数据都小于 0,说明该账号这 7 天一直在掉粉,那么运营者就需要分析掉粉的原因,例如,可能是因为发布作品时间间隔太长,没有新的作品吸引新粉丝和留住老粉丝。

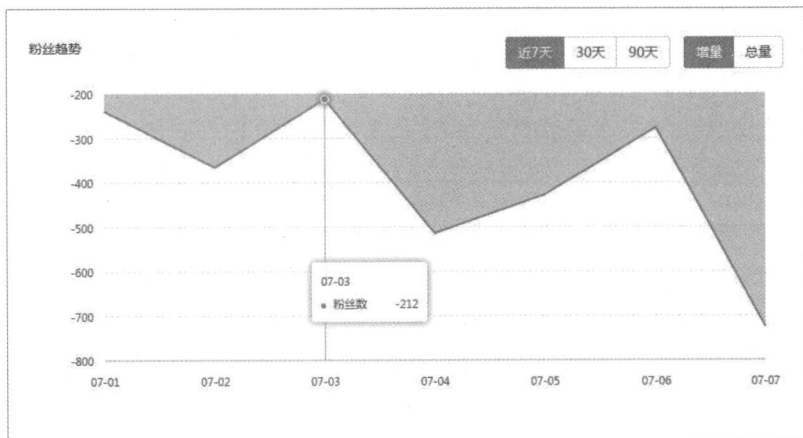

图 6-8 "华为终端" 2020 年 7 月 1 日到 7 月 7 日的粉丝增量趋势图

2 点赞趋势

运营者通过对"点赞趋势"数据的分析可以了解用户对账号和内容的喜好情况，从点赞增量趋势图来看，如果数据高于 0，说明这一天的内容符合粉丝口味。如果某一天的数据低于 0，说明这一天要么是没有发布内容，要么是发布的内容不符合粉丝的口味。所以，运营者需要及时做出反应，制作更加优质的内容来吸引粉丝。图 6-9 所示为"华为终端" 2020 年 7 月 1 日到 7 月 7 日的点赞增量趋势图。

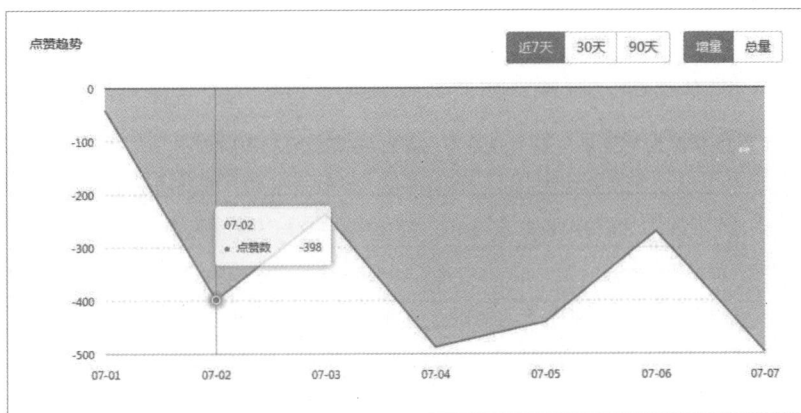

图 6-9 "华为终端" 2020 年 7 月 1 日到 7 月 7 日的点赞增量趋势图

3 评论趋势

对"评论趋势"数据的分析可以帮助运营者了解某段时间内粉丝对已发布内

容的评论情况，一般来说评论数越多，内容的热度就越高。

如果数据高于 0，说明近期更新的内容是比较受欢迎且有一定的互动性，尤其是对于企业来说，当视频的评论量出现大幅度的增长，有一个很大的可能是企业在这段时间开展了活动。所以，评论量的高低也可以成为研究账号开展活动成功与否的一项重要数据，也就是活动有没有充分地活跃粉丝、充分地调动粉丝的积极性。图 6-10 所示为"华为终端"2020 年 7 月 1 日到 7 月 7 日的评论增量趋势图。

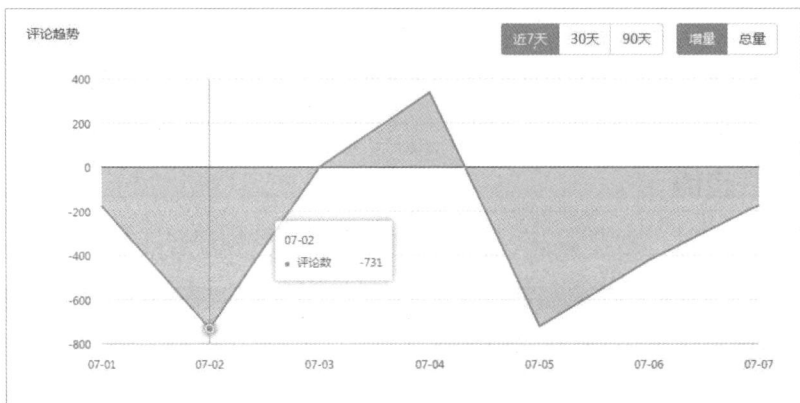

图 6-10 "华为终端"2020 年 7 月 1 日到 7 月 7 日的评论增量趋势图

4 近 30 天作品表现

这一数据可以让运营者很清楚地知道自己的作品情况，哪一天的作品比较受欢迎，发布的是什么内容，然后摸清楚粉丝的喜好，为自己后面制作内容服务。图 6-11 所示为"华为终端"的"近 30 天作品表现"的趋势图。

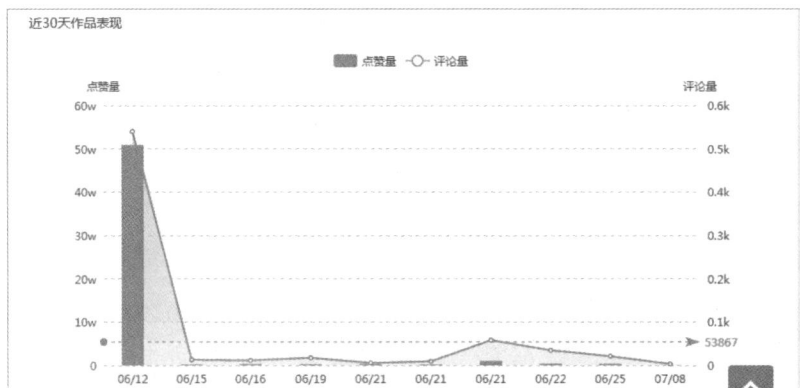

图 6-11 "华为终端"的"近 30 天作品表现"的趋势图

通过上面的数据分析图，可以看出抖音号"华为终端"近段时间的数据不是很好，当然这与该账号长时间没有发布新的内容有关。所以，企业号运营者应注意这个问题，尤其是对于中小型企业来说，及时更新优质的内容是为账号吸粉、留住老客户的一个行之有效的办法。抖音账号的粉丝越多、粉丝越活跃、账号的权重也就越大，账号的变现能力也会越强。

── 查看单条数据，知晓宣传效果 ──

分析了整个账号的基本数据情况后，再介绍一下在飞瓜数据平台如何分析单条视频的数据情况。首先介绍如何查看单条视频的数据，具体操作步骤如下。

▶▶ STEP01 打开飞瓜数据平台的官网，进入账号的数据页面，选择"播主视频"选项，如图 6-12 所示。

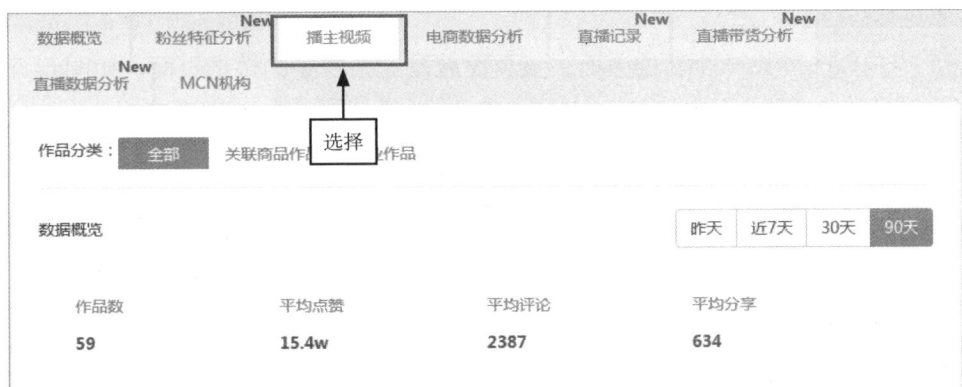

图 6-12 账号数据页面

▶▶ STEP02 下滑至所发布视频内容选择区，选择自己想要研究的视频内容，如图 6-13 所示。

图 6-13　选择单条视频内容

▶▶ STEP03 弹出一个新的页面，该页面就是这条视频的数据页面，如图 6-14 所示。

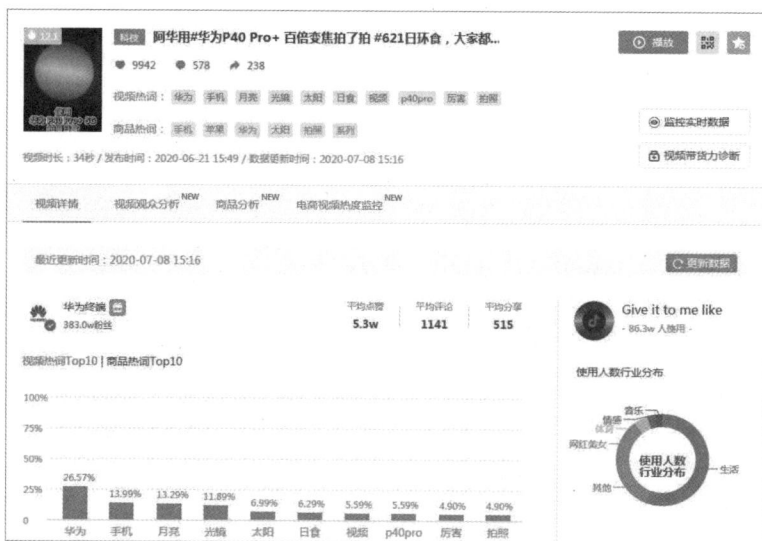

图 6-14　单条视频的数据页面

在单条视频的数据页面，可以查看此条视频的具体数据，比如视频详情、视频观众分析、商品分析和电商视频热度监控等。

运营者通过这些数据可以特别清晰地分析出这条视频是否达到理想的营销效果，通过与账号整体的数据结合，分析出问题所在，例如，是因为所发布的视频不符合用户期待，还是产品本身的问题。在有多个产品的情况下还可以看出具体是哪一个产品有问题。然后，运营者根据这些数据反馈回来的问题，及时确定自己需要改进的方向，做出改进的计划。

（二）做好用户画像，4个角度分析

前一节介绍了账号的整体数据情况和单条视频的数据情况，本节来介绍粉丝的具体数据情况，并进行用户画像分析。这里同样以飞瓜数据平台为例来介绍粉丝数据以及用户画像。

—— 分析性别比例，选出合适产品 ——

运营者分析粉丝的性别比例，是为了分析出什么样的产品更适合自己的账号。也就是说，如果账号的男性占比高，那么你的产品应该以吸引男性消费者为主，然后抓住潜在的女性粉丝。比如，选择的产品是适合女性消费者的，那么在制作视频内容时就可以引导男性粉丝购买产品送给自己身边的女性。反之，如果是女性粉丝更多，也是一样的道理。图 6-15 所示为某账号性别分布的数据。

通过这个数据，运营者可以及时知道自己的账号粉丝性别比例，然后及时调整自己的账号定位和内容选择去吸引自己的目标粉丝。比如，有的运营者觉得自己的产品主要是以女性产品为主，但是账号的女性粉丝占比却不大，这时运营者就可以通过调整自己所发布内容的风格来吸引更多的女性粉丝，避免出现账号粉丝很多但是变现能力却很差的情况。

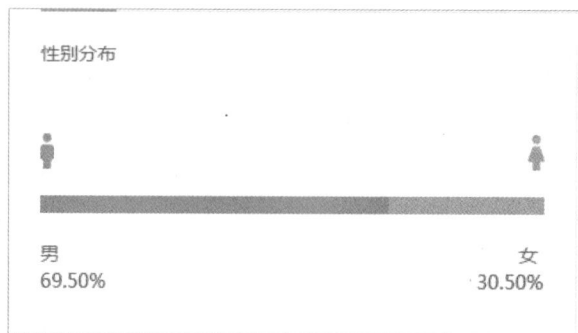

图 6-15 某账号性别分布的数据

性别分布

男
69.50%

女
30.50%

—— 知道年龄分布，宣传更有目的 ——

通过对年龄分布数据的分析，运营者可以很清楚地了解到自己账号的粉丝主要集中在哪个年龄阶段。图 6-16 所示为某账号年龄分布的情况。

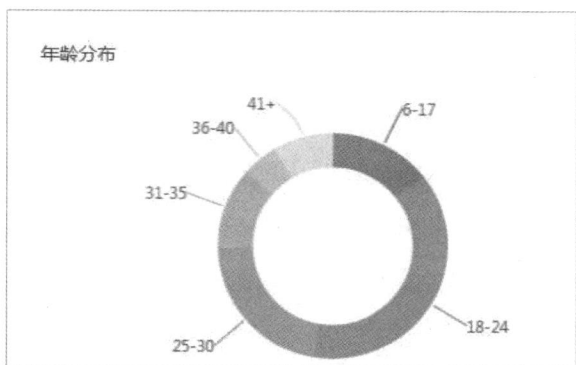

图 6-16 某账号年龄分布的情况

知道粉丝的年龄分布情况的好处主要有两点。一是有利于运营者进行选品。因为哪怕是同性别的粉丝，不同的年龄阶段对同类型的产品需求也是不同的。比如，就护肤品来说，年轻的女性可能比较看中的是产品的保湿功能，而年纪偏长一点的女性看中的是产品的祛皱抗衰老功能，所以运营者就需要弄清楚自己的用户的需求，然后进行有目的的选品。

二是运营者的视频制作更有针对性。因为不同的年龄阶段的人喜欢看的内容是不同的。根据自己粉丝的喜好去制作视频内容，能够提高产品的宣传效果，最大程度地达到营销的目的。

根据地域分布，估计购买能力

地域分布也是运营者需要了解的一个数据，通过这个数据运营者可以知道自己账号的粉丝主要集中分布在哪些地区，是上海、北京、广州、深圳等大城市，还是比较不发达的小地区。图 6-17 所示为某账号粉丝地域分布的情况。

地域分布	省份 | 城市
名称	占比
广东	13.49%
山东	7.51%
江苏	6.98%
河南	6.15%
四川	5.43%
浙江	4.86%
湖北	4.33%
安徽	4.22%
河北	4.20%
北京	3.87%

图 6-17　某账号粉丝地域分布的情况

运营者从地域分布的数据可以大概地估计自己账号粉丝的购买能力，一般来说，粉丝集中在大城市的账号，其变现能力更强。运营者也可以根据粉丝的地区分布，更好地去产出粉丝喜欢的内容。

浅析星座分布，了解用户性格

第 4 个角度是星座分布数据分析，这个数据通常会被大家忽略，但是运营者还是要有所了解。通过对一个人星座的分析，可以大概地了解这个人的性格，这种说法也许不一定完全正确，但是它在一定程度上可以帮助运营者了解账号的粉丝情况，然后去制作更加符合粉丝需求的内容，促进产品的销售，并且达到留存新用户，盘活老用户的目的。图 6-18 所示为某账号星座分布的情况。

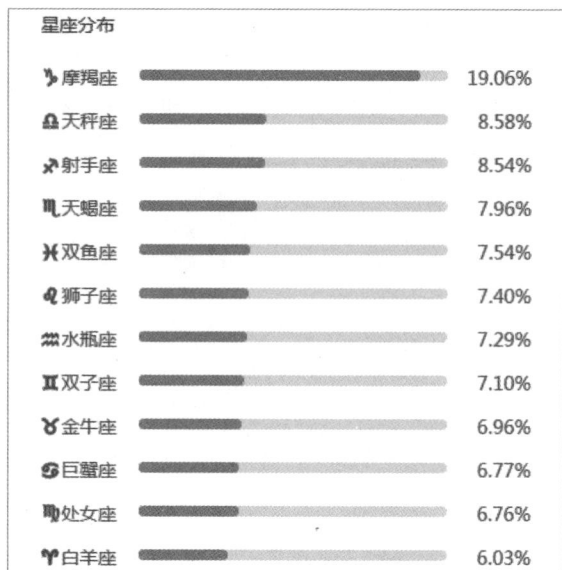

图 6-18 某账号星座分布的情况

三 了解其他工具，更多分析平台

要了解账号数据，做好粉丝画像，除了飞瓜数据平台外，还有其他的平台供大家选择，这里重点介绍 3 款。

—— 飞瓜数据平台，利用好小程序 ——

前面两节都是以飞瓜数据平台网页版为例来讲解抖音号数据的相关问题，其实飞瓜数据还有一个小程序，运营者如果身边没有计算机，可以直接利用微信小程序来查看，具体操作如下。

▶▶ STEP01 登录微信，进入"发现"界面，点击该界面下方的"小程序"一栏，如图 6-19 所示。

▶▶ STEP02 进入"小程序"界面，点击该界面中的 🔍 按钮，如图 6-20 所示。

▶▶ STEP03 搜索"飞瓜数据"，进入结果显示界面，选择该界面中的"飞瓜数据"小程序，如图 6-21 所示。

▶▶ STEP04 进入飞瓜数据小程序的首页，点击该界面上方的搜索栏，如图 6-22

所示。然后，运营者可以根据自己的需求搜索自己的账号或者其他的账号查询数据信息。

图 6-19　点击"小程序"一栏

图 6-20　点击 🔍 按钮

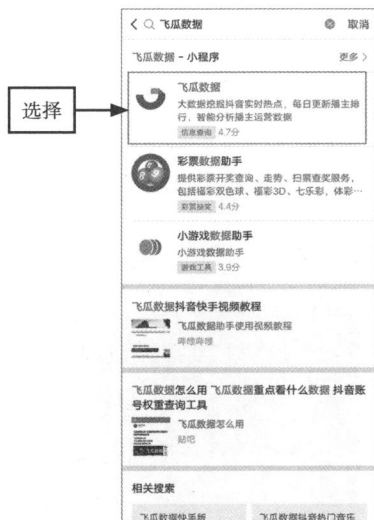

图 6-21　选择"飞瓜数据"选项

图 6-22　"飞瓜数据 – 首页"界面

比如，运营者在"飞瓜数据 – 首页"的搜索栏中输入"完美日记"进行搜索，然后会出现与关键词有关的各种账号，运营者选择自己需要的账号点击查看数据信息，如图 6-23 所示。

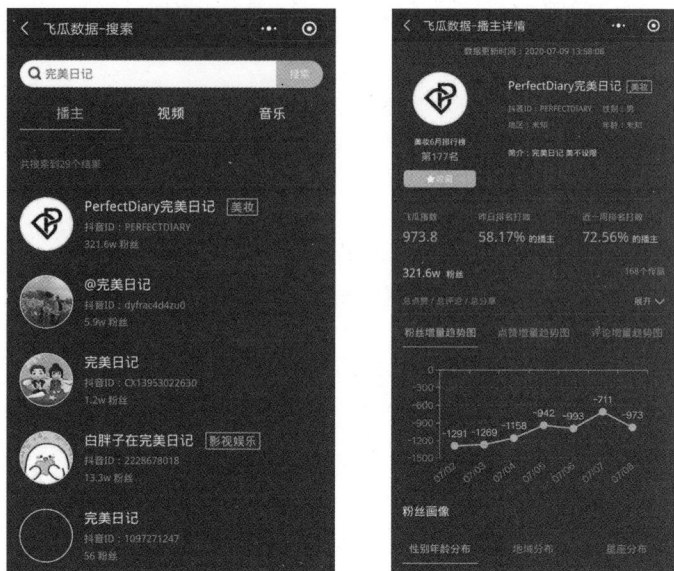

图 6-23　查看账号数据

除此之外，在飞瓜数据小程序中还可以查看许多抖音方面的内容。比如，点击首页界面中的"抖音热点"，即可进入"飞瓜数据 - 热门话题"界面，查看抖音热门视频、热门音乐和热门话题，如图 6-24 所示；而点击首页界面中的"抖音商品"，即可进入"飞瓜数据 - 商品排行榜"界面，如图 6-25 所示。

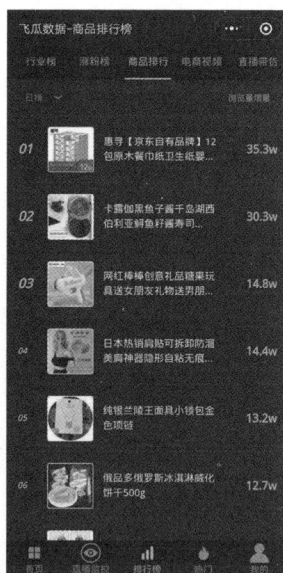

图 6-24　"飞瓜数据 - 热门话题"界面　图 6-25　"飞瓜数据 - 商品排行榜"界面

—— 登录"5118"，找出长尾内容 ——

第 2 个数据分析工具是"5118"网站。那么"5118"网站是干什么的呢？它最重要的功能是长尾关键词的挖掘。"5118"是一款计算机网页版的工具，在搜索引擎搜索该网站，即可进入官网界面，如图 6-26 所示。

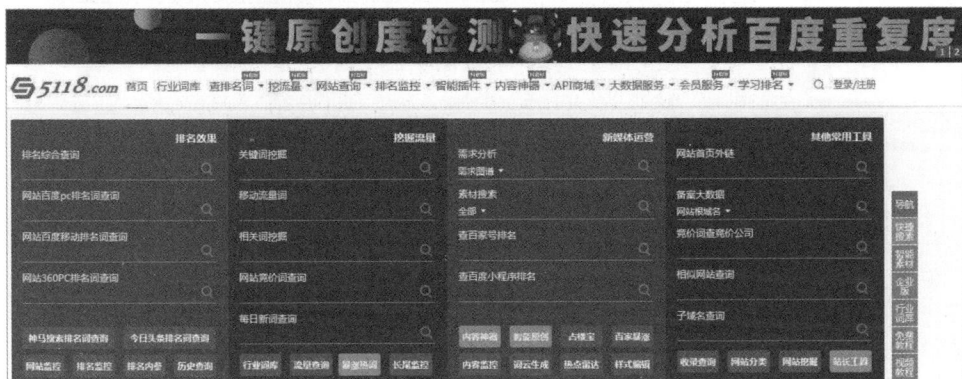

图 6-26　官网首页

比如，在"5118"官网界面的"关键词挖掘"搜索栏中❶输入"减肥"；❷单击 🔍 按钮，如图 6-27 所示。与减肥相关的长尾关键词就会显示出来，如图 6-28 所示。我们可以根据这些词汇来制作视频标题，增加视频对抖音用户的吸引力。

掌握数据分析，提高运营能力

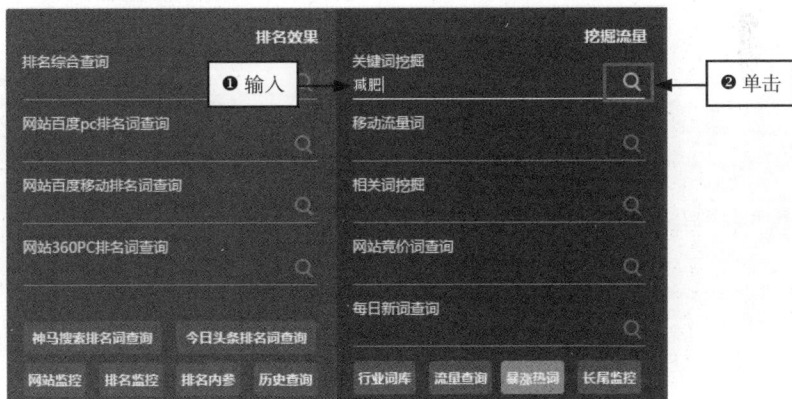

图 6-27　单击 🔍 按钮

149

图 6-28　显示长尾关键词

── 抖 V 数据平台，助力数据分析 ──

作为一个数据监测和分析平台，抖 V 数据平台主要面向的是抖音用户，旨在帮助抖音运营者快速地涨粉成为抖音大 V，最终实现变现的目的。运营者搜索"抖 V 数据"，然后进入抖 V 数据平台的官网。图 6-29 所示为抖 V 数据平台的官网页面。

图 6-29　抖 V 数据平台的官网

在这里重点介绍抖 V 数据平台的两个功能，即寻找热门素材和进行数据监测，具体解读如下。

1 寻找热门素材

企业号运营者如果对发什么内容没有什么思路，可以单击抖V数据官网首页菜单栏的"爆款素材"链接，然后会出现4个选项，运营者根据自己的需求选择内容，如图6-30所示。

图6-30　寻找热门素材

运营者通过对这些热门素材的研究，选择并借鉴适合自己产品的内容来制作自己的视频，这些热门素材既可以给运营者提供一些新的视频创作思路，又能让他们的视频蹭热点，获得更多的曝光的机会。

2 进行数据监测

在抖V数据的右侧菜单栏有一栏"数据监测"，单击该栏下方的"添加抖音号"按钮，进入"添加抖音号"页面，如图6-31所示。运营者可以在该页面中添加自己的账号或者是其他想要查看数据的抖音账号，这里以"MAC魅可"为例。

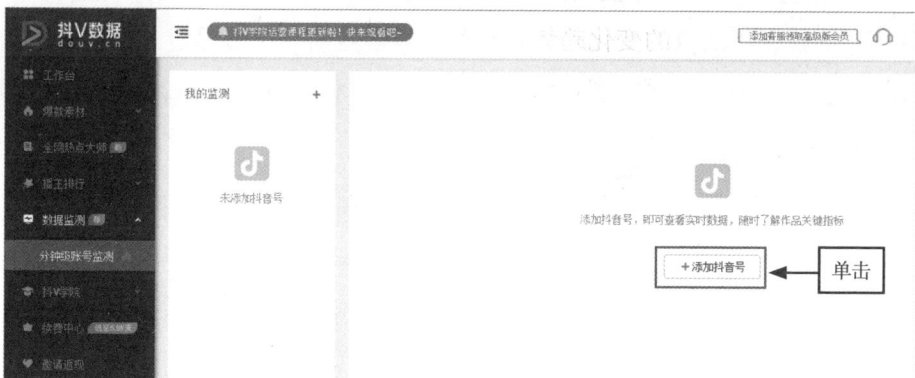

图6-31　单击"添加抖音号"按钮

图 6-32 所示为抖音企业号"MAC 魅可"的"数据监测"页面。可以看到的数据有该账号的粉丝数、点赞数、作品数和抖 V 指数。前 3 个数据都比较好理解，而抖 V 指数相当于是账号的权重，一般来说，这个指数越高，账号的质量也就越高，得到平台推荐的机会也就越高。

图 6-32　抖音企业号"MAC 魅可"的"数据监测"页面

在"数据监测"页面中还有"作品监测""账号监测""涨粉作品分析""活跃粉丝画像"4 个数据，具体如下。

（1）作品监测。运营者通过作品监测数据，可以看到所发布内容累积的以及新增的点赞数、评论数、分享数，有利于运营者进一步把握内容的创作方向。图 6-33 所示为抖音号"MAC 魅可"作品监测的页面。

（2）账号监测。账号监测主要显示的是账号整体的粉丝数据情况，以及粉丝数、点赞数、评论数的变化趋势，有利于运营者对整个账号过去数据的了解，及时总结经验和发现问题，然后做出适当的调整和改变。图 6-34 所示为账号监测的数据。

作品监测　　账号监测　　涨粉作品分析　　活跃粉丝画像　　　　　　❓ 使用「数据监测」高效运营账号？

视频标题	点赞数 ⇅	评论数 ⇅	分享数 ⇅	发布时间 ⇅	更新时间 ⇅	操作
惊！大热艺人@▨▨▨突袭MAC夏日控牧大挑战现场，首次公开女艺人的定妆密法！	7350	158	42	2020-07-08 21:10:17	2020-07-09 16:23:20	
MAC夏日控牧大挑战登陆上海，随身携带M·A·C控牧水，和@▨▨十四十四一起精致野餐吧！	5731	27	25	2020-07-08 18:08:06	2020-07-09 16:22:09	
MAC夏日控牧大挑战火热进行中，广州场秒变写真现场！@▨▨▨▨▨与MAC高光控牧水闪耀出镜，自带高…	7838	39	23	2020-07-07 18:29:33	2020-07-09 16:31:12	

图 6-33　企业号"MAC 魅可"作品监测的页面

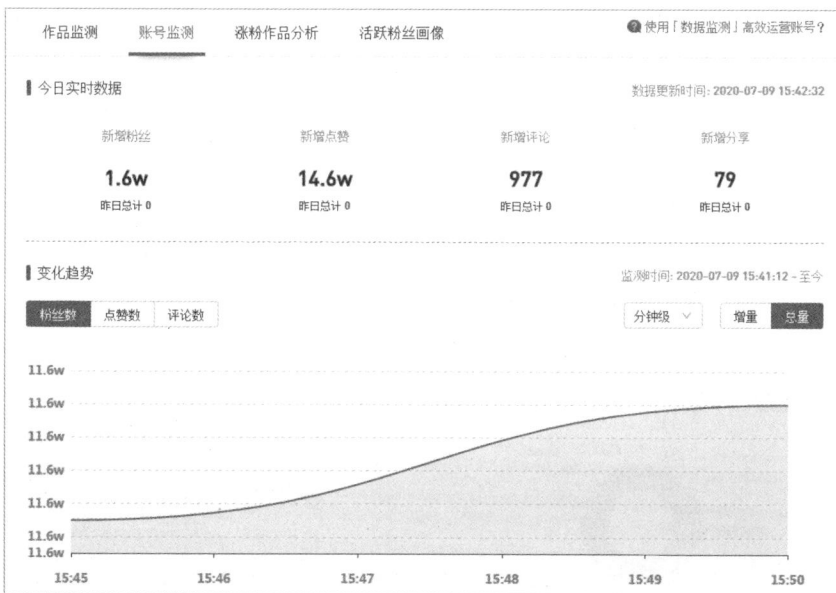

图 6-34　账号监测数据

（3）涨粉作品分析。通过这个数据，可以看到前一天各个账号近 30 天内发布的作品的点赞增量、涨粉增量、涨粉占比数。运营者通过对这些数据的分析和研究，可以找到那些被遗漏但是后来又被用户发现和喜爱的作品，因为有的视频并不是发布后立刻就得到大量的关注，有时候可能会需要一定时间的传播。图 6-35 所示为涨粉作品分析的数据。

图 6-35　涨粉作品分析数据

（4）活跃粉丝画像。这个数据分析与上一节相同，这里不再具体展开。图 6-36 所示为活跃粉丝画像数据。

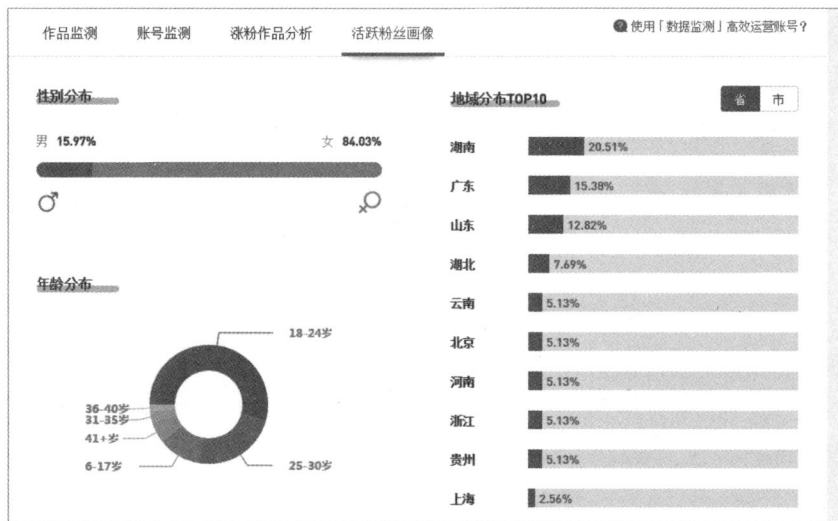

图 6-36　活跃粉丝画像数据

第.7.章

快速引流增粉，
聚集百万粉丝

对于运营者来说，要获取可观的收益，关键就在于获得足够的流量。那么，企业号运营者应如何实现快速引流，从零开始聚集百万粉丝呢？

本章将从抖音平台内引流的方式和从其他平台引流的方法两个方面介绍如何引流增粉，帮助运营者快速聚集大量用户，实现品牌和产品的高效传播。

一 平台内获流量，9 种引流方式

互联网变现的公式是：流量 = 金钱，因此只要你有了流量，变现就不再是难题。而如今的抖音，就是一个坐拥庞大流量的平台。运营者只要运用一些小技巧，就可以吸引到相当大的一部分流量，有了流量，你就可以更快地做好各种项目。

—— 获取海量曝光，3 种广告形式 ——

在抖音中有 3 种广告形式，这 3 种广告形式既是在进行广告营销，也可以让视频内容获得海量曝光和精准触达。下面将分别进行解读。

1 Topview 超级首位

Topview 超级首位是一种由两种广告类型组成的广告形式。它由两个部分组成，即前面几秒的抖音开屏广告和之后的信息流广告。

图 7-1 所示为小米手机的一条短视频，可以看到其一开始是以抖音全屏广告的形式展现的（左侧），而播放了几秒后，就变成信息流广告（右侧），直到该视频播放完毕。很显然，这条短视频运用的就是 Topview 超级首位这种广告形式。一般来说，这种广告形式比较能引起用户的兴趣，因为当用户刷短视频时，这种形式不多见，新鲜的事物总是比较能吸引人。

从形式上来看，Topview 超级首位很好地融合了开屏广告和信息流广告的优势。这样既可以让用户在打开抖音短视频 App 的第一时间就看到广告内容，也能通过信息流广告对内容进行完整的展示，并引导用户了解广告详情，而且提前告知用户这是广告，不会引起用户的反感。

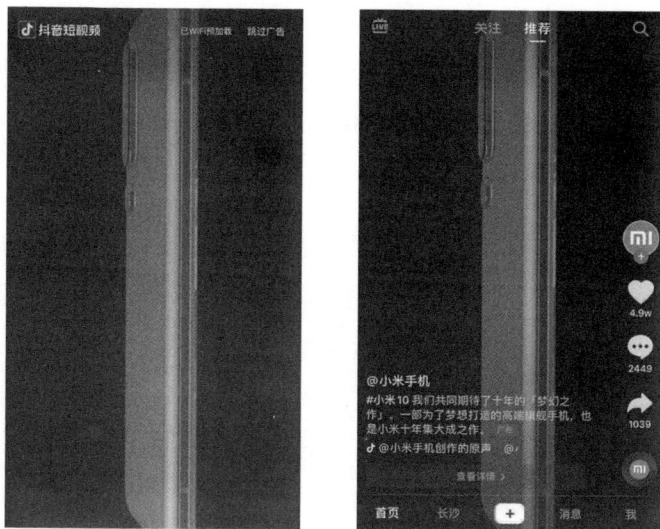

图 7-1　Topview 超级首位的运用

2 开屏广告

开屏广告，顾名思义，即打开抖音就能看到的一种广告形式。开屏广告的优势在于，用户一打开抖音短视频 App 就能看到，所以广告的曝光率较高。而其缺点则体现在呈现的时间较短，因此，可以呈现的内容较为有限。图 7-2 所示为开屏广告的运用案例。

图 7-2　开屏广告的运用案例

按照内容的展示形式，开屏广告可细分为 3 种，即静态开屏（一张图片到底）、动态开屏（中间有图片的更换）和视频开屏（以视频的形式呈现广告内容）。品牌主可以根据自身需求，选择合适的展示形式。

3 信息流体系

信息流体系模块就是一种通过视频传达信息的广告内容模块。运用信息流体系模块的短视频，其文案中会出现"广告"字样，而抖音用户点击视频中的链接，则可以跳转至目标页面，从而使抖音运营者达到营销的目的。

图 7-3 所示为信息流体系广告的运用案例。用户可以点击短视频中的文案内容，或者点击"打开"按钮，或者抖音账号头像，即可跳转至相对应的页面。这种模块的运用，不仅可以实现信息的营销推广，还能让关联软件新用户的获取更加便利化。

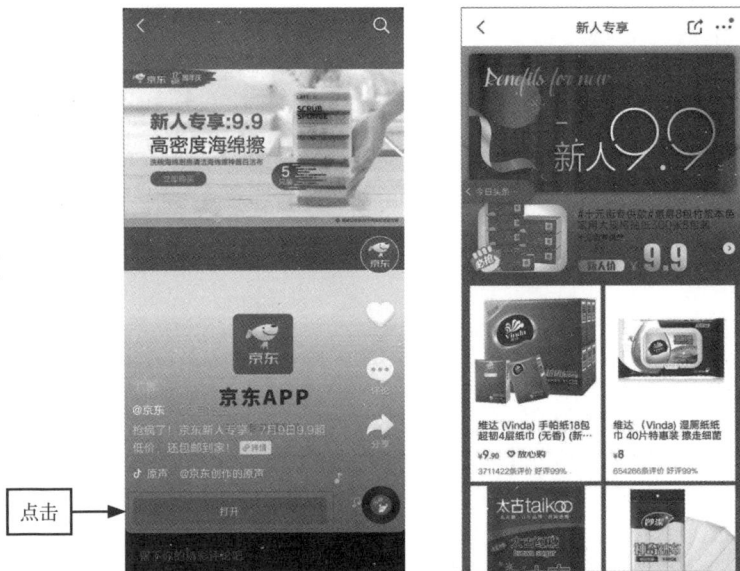

图 7-3　信息流体系的运用

—— 搜索引擎优化，获取更多流量 ——

SEO 是 Search Engine Optimization 的英文缩写，中文译为"搜索引擎优化"。是指通过对内容的优化获得更多流量，从而实现自身的营销目标。说起 SEO，许多人首先想到的可能就是搜索引擎的优化，如百度平台的 SEO。

其实，SEO 不只是搜索引擎独有的运营策略。抖音短视频同样可以进行 SEO 优化。比如，我们可以通过对抖音短视频的内容运营，实现内容霸屏，从而让相关内容获得快速传播。

抖音短视频 SEO 优化的关键就在于视频关键词的选择。而视频关键词的选择又可细分为两个方面，即关键词的确定和使用。

1 视频关键词的确定

用好关键词的第一步就是确定合适的关键词。通常来说，关键词的确定主要有以下两种方法。

（1）根据内容确定关键词

什么是合适的关键词？首先应该与抖音号的定位以及短视频内容相关。否则，用户即便看到了短视频，也会因为内容与关键词不对应而直接滑过，这样一来，选取的关键词也就没有太多积极作用了。

（2）通过预测选择关键词

除了根据内容确定关键词之外，抖音运营者还需要学会预测关键词。用户在搜索时所用的关键词可能会呈现阶段性的变化。具体来说，许多关键词都会随着时间的变化而呈现不稳定的升降趋势。因此，抖音运营者在选取关键词之前，需要先预测用户搜索的关键词，下面从两个方面分别介绍如何预测关键词。

社会热点新闻是人们关注的重点，当社会新闻出现后，会出现一大波新的关键词，搜索量高的关键词就称为热点关键词。

因此，抖音运营者不仅要关注社会新闻，还要会预测热点，抢占最有力的时间预测出热点关键词，并将其用于抖音短视频中。下面，介绍一些预测热点关键词的方向，如图 7-4 所示。

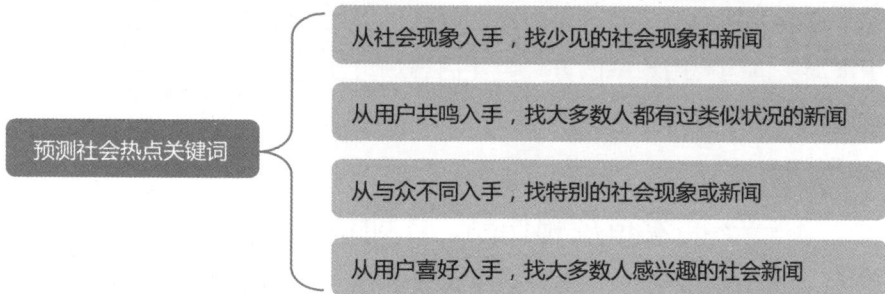

```
                              ┌─ 从社会现象入手，找少见的社会现象和新闻
                              │
                              ├─ 从用户共鸣入手，找大多数人都有过类似状况的新闻
      预测社会热点关键词 ──────┤
                              ├─ 从与众不同入手，找特别的社会现象或新闻
                              │
                              └─ 从用户喜好入手，找大多数人感兴趣的社会新闻
```

图 7-4　预测社会热点关键词

除此之外，即便搜索同一类物品，用户在不同时间段选取的关键词仍有可能会有一定的差异性。也就是说，用户在搜索关键词的选择上可能会呈现出一定的季节性。因此，抖音运营者需要根据季节性，预测用户搜索时可能会选取的关键词。

值得一提的是，关键词的季节性波动比较稳定，主要体现在季节和节日两个方面，如用户在搜索服装类内容时，可能会直接搜索包含四季名称的关键词，即春装、夏装等；节日关键词包含节日名称，即春节服装、圣诞装等。

季节性的关键词还是比较容易预测的，抖音运营者除了可以从季节和节日名称上进行预测，还可以从以下方面进行预测，如图7-5所示。

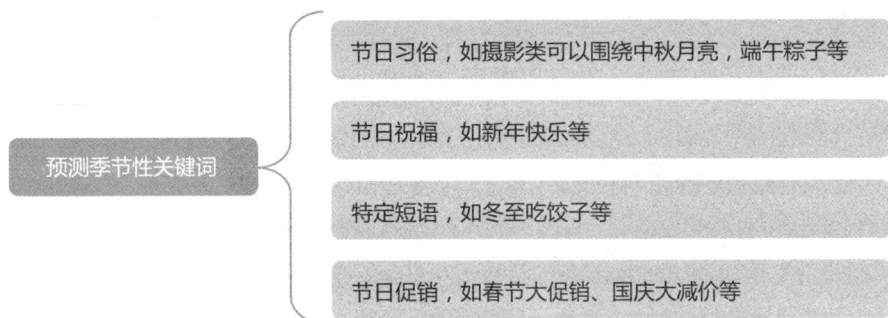

图 7-5　预测季节性关键词

2 视频关键词的使用

在添加关键词之前，抖音运营者可以通过查看朋友圈动态、微博热点等方式，获取近期的高频词汇，将其作为关键词嵌入抖音短视频中。需要特别说明的是，抖音运营者统计出近期出现频率较高的关键词后，还需了解关键词的来源，只有这样才能让关键词用得恰当。

除了选择高频词汇之外，抖音运营者还可以通过在抖音号介绍信息和短视频文案中增加关键词使用频率的方式，让内容尽可能地与自身业务直接联系起来，从而给用户一种专业的感觉。

── 发布视频作品，2种获取方式 ──

视频引流可以分为两种方式进行，一是原创视频引流，二是搬运视频引流。接下来将分别进行说明。

1 原创视频引流

对于有短视频制作能力的抖音运营者来说，原创引流是最好的选择。运营者可以把制作好的原创短视频发布到抖音平台，尽量让自己的视频更有看点，因为运营者的原创短视频的播放量越大，曝光率越大，引流的效果也就越好。图7-6所示为企业号"康师傅"发布的原创视频。

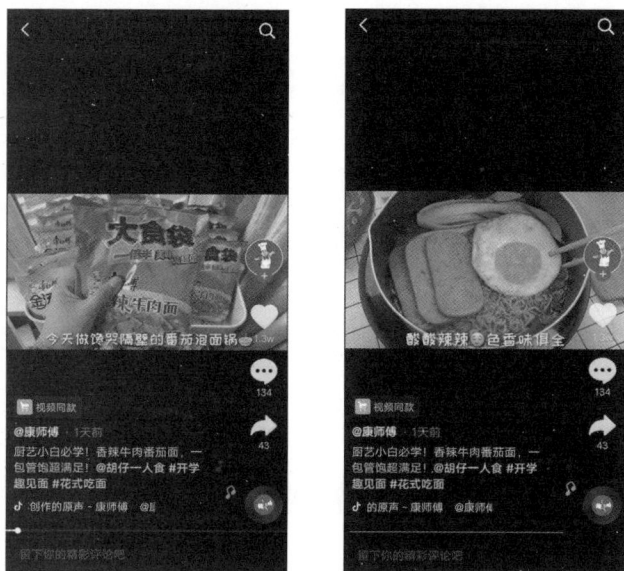

图 7-6　企业号"康师傅"发布的原创视频

抖音上的年轻用户偏爱热门和创意有趣的内容，同时在抖音官方介绍中，抖音鼓励的视频是：场景、画面清晰；记录自己的日常生活，内容健康向上，多人类、剧情类、才艺类、心得分享、搞笑等多样化内容，不拘于一个风格。抖音企业号的运营者在制作原创短视频内容时，记住这些原则，可以让作品获得更多推荐。

2 搬运视频引流

企业号运营者可以从微视、西瓜视频、快手、火山小视频以及秒拍等短视频平台，将其中的内容搬运到抖音平台上，具体方法如下。

▶▶ STEP01　先打开去水印视频解析网站，打开要搬运的视频，并把要搬运视频的地址放到解析网站的方框内，然后点击"解析视频"按钮，解析完成后即可下载，从而得到没有水印的视频文件。图7-7所示为抖音短视频去水印在线解析网站。

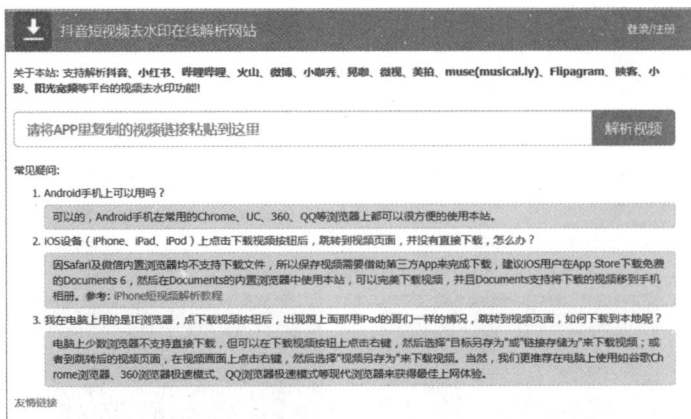

图 7-7　抖音短视频去水印在线解析网站

▶▶ STEP02 用格式工厂或 inshot 视频图片编辑软件，对视频进行剪辑和修改，改变视频的 MD5 值，即可得到"伪原创"的视频文件。

▶▶ STEP03 把这个搬运来的视频上传到抖音，同时在抖音账号的资料部分进行引流，以便粉丝添加。

—— 开启抖音直播，收获大量粉丝 ——

直播对于运营者来说意义重大，一方面，运营者可以通过直播销售商品，获得收益；另一方面，直播也是一种有效的引流方式。

用户点击界面左上方账号名称和头像所在的位置，会弹出一个账号详情对话框，点击对话框中的"关注"按钮后，原来"关注"按钮所在的位置将显示"已关注"。

此时，用户便通过直播关注了该直播所属的抖音账号。除此之外，抖音用户在直播界面中还有一种更方便的关注抖音账号的方法，那就是直接点击直播界面左上方的"关注"按钮进行关注。

—— 及时回复评论，增加引流效果 ——

许多用户在看抖音视频时，会习惯性地查看评论区的内容。再加上，用户如果觉得视频内容比较有趣，还可以通过 @ 抖音账号的方式，吸引其他用户前来观看该视频。因此，如果用户的评论区利用得当，则可以起到不错的引流效果。

抖音的短视频文案中能够呈现的内容相对有限，这就有可能出现一种情况，即有的内容需要进行一些补充。此时，抖音运营者可以通过评论区的自我评论来进一步进行表达。另外，在短视频刚发布时，可能观看视频的用户不是很多，也不会有太多用户评论。如果此时抖音运营者进行自我评论，也能从一定程度上起到提高视频评论量的作用。

除了自我评价补充信息外，抖音运营者还可以通过回复评论解决用户的疑问，引导用户的情绪，从而提高产品的销量。图 7-8 所示为"科颜氏 kiehl's"回复粉丝的评论。

图 7-8 "科颜氏 kiehl's"回复粉丝的评论

回复抖音评论看似是一件很简单的事，实则不然。为什么这么说呢？这主要是因为企业号运营者在回复用户的评论时还有一些需要注意的事项，具体如下。

1 第一时间回复评论

抖音运营者应尽可能地在第一时间回复用户的评论，这主要有两个方面的好处。一是快速回复用户能够让用户感觉到你对他（她）很重视，这样自然能增加用户对你和你的抖音账号的好感；二是回复评论能够从一定程度上增加短视频的热度，让更多用户看到你的短视频。

那么，抖音运营者应如何做到第一时间回复评论呢？其中一种比较有效的方法就是在短视频发布的一段时间内，及时查看用户的评论。一旦发现有新的评论，就在第一时间做出回复。

2 不要重复回复评论

对于相似的问题，或者同一个问题，抖音运营者最好不要重复进行回复，这主要有两个原因。一是很多用户的评论中或多或少会有一些营销的痕迹，如果重复回复，那么整个评价界面便会看到很多有广告痕迹的内容，而这些内容往往会让用户产生反感情绪。

二是相似的问题，点赞相对较高的问题会排到评论的靠前位置，抖音运营者只需在点赞较高的问题进行回复，其他有相似问题的用户自然就能看到。而且这还能减少评论的回复工作量，节省大量的时间。

3 注意规避敏感词汇

对于一些敏感的问题和敏感的词汇，抖音运营者在回复评论时一定要尽可能地进行规避。当然，如果避无可避也可以采取迂回战术，如不对敏感问题做出正面的回答、用一些其他意思相近的词汇或用谐音代替敏感词汇，这样能给用户留下比较好的印象。

—— 注册多个账号，获取稳定流量 ——

抖音矩阵就是通过多个账号的运营进行营销推广，从而增强营销的效果，获取稳定的流量。

抖音矩阵可分为两种：一种是个人抖音矩阵，即某个抖音运营者同时运营多个抖音号，组成营销矩阵；另一种是多个具有联系的抖音运营者形成一个矩阵，共同进行营销推广。图 7-9 所示为矩阵引流的典型案例。从图中可以看到，当用户搜索"中国平安集团"时，抖音平台会推荐与该企业有关的抖音账号给用户，增加了抖音账号曝光的机会。

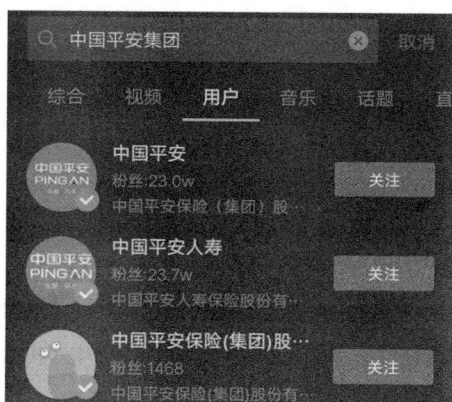

图 7-9 矩阵引流典型案例

—— 发送私信引导，引流效果更佳 ——

抖音支持"发信息"功能，一些粉丝可能会通过该功能给账号运营者发信息，运营者可以时不时地看一下，并利用私信回复来进行引流，如图 7-10 所示。一般来说，通过私信发送的引流信息，其引流效果比较好，因为用户对私信内容通常会更重视一些。

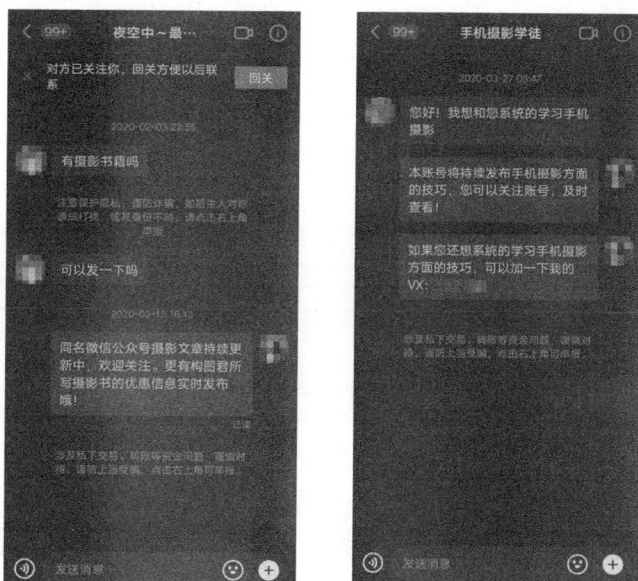

图 7-10 利用抖音私信消息引流

—— 账号之间互推，提高传播范围 ——

互推就是互相推广的意思。大多数企业号在运营过程中，都会获得一些粉丝，只是对于不同账号来说，粉丝量增加速度会有快慢之分。此时，运营者可以通过与其他抖音号进行互推，让更多抖音用户看到你的抖音号，从而提高抖音号的传播范围，让抖音号获得更多的流量。

在抖音平台中，互推的方法有很多，其中比较直接有效的一种互推方式就是在视频文案中互相"@"，让抖音用户看到相关视频后，就能看到互推的账号。

图 7-11 所示为互推的典型案例。可以看到这两条视频中就是通过使用 @ 功能来进行互推的。再加上这两个账号平时经常互动，给人一种他们很熟悉的感觉，因此，这两个账号具有很强的信任度，互推的频率也可以据此进行把握。所以，这两个账号的互推通常能获得不错的效果。

图 7-11　账号互推

—— 分享转发引流，收集隐藏粉丝 ——

抖音中有分享转发功能，企业号运营者可以借助该功能，将抖音短视频转发至对应的平台，从而达到引流的目的。那么，如何借助抖音的分享转发功能引流呢？具体的操作步骤如下。

▶▷ STEP01 登录抖音短视频 App，进入"我"界面，下滑选择自己要分享的视频，如图 7-12 所示。

▶▷ STEP02 进入视频播放界面，点击该界面中的 ●●● 按钮，如图 7-13 所示。

图 7-12 选择要转发的内容

图 7-13 点击 ●●● 按钮

▶▷ STEP03 弹出一个新界面，点击该界面中的"微信好友"按钮，如图 7-14 所示。

▶▷ STEP04 弹出"微信好友分享"对话框，该对话框中会显示视频下载到手机本地相册的进度，如图 7-15 所示。

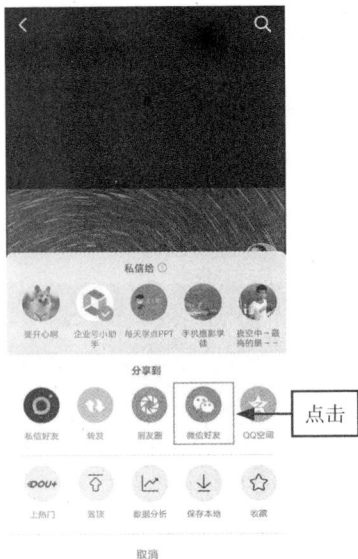

图 7-14　点击"微信好友"按钮　　图 7-15　显示下载进度

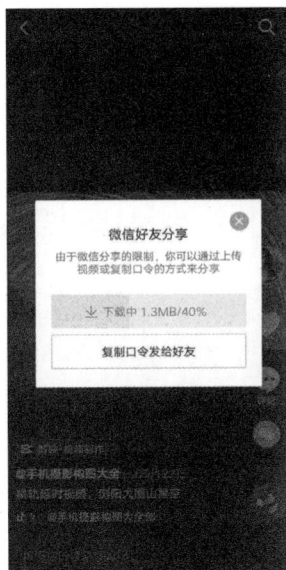

▶▶ STEP05 下载完成后，点击该对话框中的"视频分享给好友"按钮，如图 7-16 所示。

▶▶ STEP06 进入微信的聊天界面，选择自己要分享的微信好友，如图 7-17 所示。

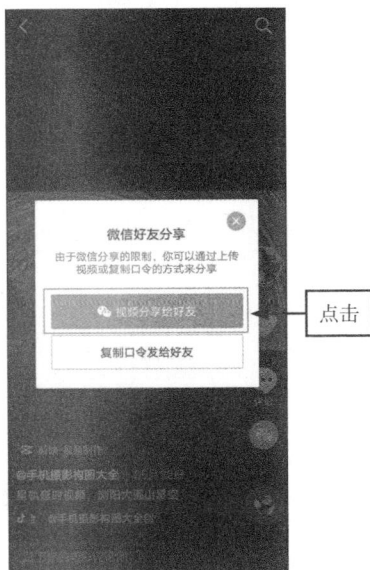

图 7-16　点击"视频分享给好友"按钮　　图 7-17　选择要分享的好友

▶▶ STEP07 点开好友的聊天窗口，点击"相册"按钮，如图 7-18 所示。

▶▶ STEP08 执行操作之后，❶进入本地相册选择刚下载的短视频；❷点击"原图"按钮；❸点击"发送"按钮，如图 7-19 所示。

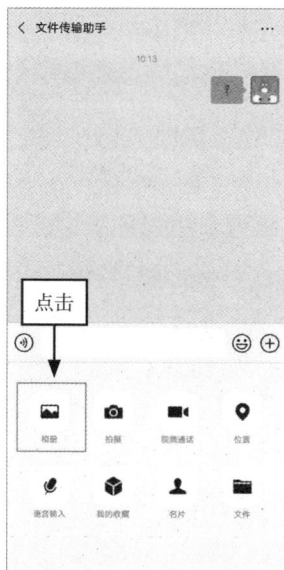

图 7-18 点击"相册"按钮　　图 7-19 "本地相册"的相关界面

　　抖音短视频转发完成后，微信好友只需点击微信聊天界面中的短视频，即可在线播放短视频。短视频播放时会显示抖音账号，微信好友如果对分享的短视频感兴趣，想获取更多短视频，可以搜索抖音号查看其他短视频，便很好地起到了引流的作用。

（二）平台外集粉丝，七大引流平台

　　除了在抖音内进行引流之外，企业号运营者还可以通过跨平台引流，实现内容的广泛传播，获取更多目标用户。本节，重点介绍运营者需要重点把握的七大跨界引流平台。

—— 微信平台引流，2 个方面进行 ——

　　微信平台引流主要从两个方面进行，一是公众号引流，二是朋友圈引流。下

第 7 章

快速引流增粉，聚集百万粉丝

169

面分别进行说明。

1 公众号引流

微信公众号，从某一方面来说，就是个人、企业等主体进行信息发布并通过运营来提升知名度和形象的平台。运营者如果要选择一个用户基数大的平台来推广短视频内容，且期待通过长期的内容积累构建自己的品牌，那么微信公众平台是一个理想的传播平台。

在微信公众号上，企业号运营者如果想要借助短视频进行推广，可以采用多种方式来实现。然而，使用最多的有两种，即"标题＋短视频"形式和"标题＋文本＋短视频"形式。图 7-20 所示为借助微信公众号推广短视频的案例。

图 7-20　借助微信公众号推广短视频的案例

然而不管采用哪一种形式，都是能清楚地说明短视频内容和主题思想的推广方式。且在微信公众号上进行短视频宣传推广时，也并不局限于某一个短视频的推广，如果运营者打造的是有着相同主题的短视频系列，还可以把短视频组合在一篇文章中联合推广，这样更有助于受众了解短视频及其推广主题。

2 朋友圈引流

朋友圈这一平台，对于企业号运营者来说，从传播范围上看，它虽然一次传播的范围较小，但是从对接收者的影响程度来说，却是具有其他一些平台无法比拟的优势，具体为：用户黏性强；朋友圈好友间的关联性、互动性强，可信度高；朋友圈用户多，覆盖面广，二次传播范围大；朋友圈内转发和分享方便，易于短视频内容传播。

那么，在朋友圈中进行抖音短视频推广的过程中，运营者应注意哪些方面呢？有 3 个方面是需要重点关注的，具体分析如下。

（1）运营者在拍摄视频时要注意开始拍摄时画面的美观性。因为推送到朋友圈的视频，不能自主设置封面，它显示的是开始拍摄时的画面。当然，运营者也可以通过视频剪辑的方式保证推送视频"封面"的美观度。

（2）运营者在推广短视频时要做好文字描述。一般来说，呈现在朋友圈中的短视频，好友第一眼看到的就是其"封面"，除"封面信息"外，没有太多其他信息能让受众了解该视频内容，因此，在短视频前的文案中，要把重要的信息放上去，如图 7-21 所示。这样的设置，一是有助于受众了解短视频；二是设置得好，可以吸引受众点击播放。

（3）运营者利用短视频推广商品时要利用好朋友圈评论功能。朋友圈中的文本如果字数太多，会被折叠起来，为了完整展示信息，运营者可以将重要信息放在评论里进行展示，如图 7-22 所示。这样就会让浏览朋友圈的人看到推送的有效文本信息，这也是一种比较明智的推广短视频的方法。

图 7-21　做好重要信息的文字表述

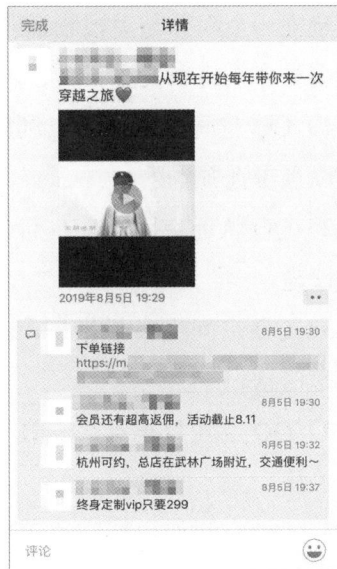

图 7-22　利用好朋友圈的评论功能

—— QQ 平台引流，两大推广利器 ——

腾讯 QQ 有两大推广利器，一是 QQ 群，二是 QQ 空间。我们先来看看利用 QQ 群如何做推广引流。

无论是微信群还是 QQ 群，如果没有设置"消息免打扰"，则群内任何人发布信息，群内其他人是会收到提示信息的。因此，与朋友圈和微信订阅号不同，通过微信群和 QQ 群推广短视频，可以让推广信息直达受众，受众关注和播放的可能性也就更大。

且微信群和 QQ 群内的用户都是基于一定目标、兴趣而聚集在一起的，因此，如果运营者推广的是专业类的视频内容，那么可以选择这一类平台。

另外，相对于微信群需要推荐才能加群而言，QQ 明显更易于添加和推广。目前，QQ 群分出了许多热门分类，抖音电商运营者可以通过查找同类群的方式，加入进去，然后进行短视频推广。QQ 群推广方法主要包括 QQ 群相册、QQ 群公告、QQ 群论坛、QQ 群共享、QQ 群动态和 QQ 群话题等。

利用 QQ 群话题来推广短视频，运营者可以通过相应人群感兴趣的话题来引导 QQ 群用户的注意力。例如在摄影群里，首先提出一个摄影人士普遍感觉比较有难度的摄影场景，引导大家评论，然后运营者再适时分享一个能解决这一摄影问题的短视频。这样，感兴趣的用户一定不会错过。

QQ 空间是另一个短视频运营者可以充分利用起来的好地方。当然，运营者首先应建立一个昵称与短视频运营账号相同的 QQ 号，这样才能更有利于积攒人气，吸引更多人前来关注和观看。下面具体介绍 7 种常见的 QQ 空间推广方法。

（1）QQ 空间链接推广。利用"小视频"功能在 QQ 空间发布短视频，QQ 好友可以点击查看。

（2）QQ 认证空间推广。订阅与产品相关的人气认证空间，更新动态时可以马上评论。

（3）QQ 空间生日栏推广。通过"好友生日"栏提醒好友，引导好友查看你的动态信息。

（4）QQ 空间日志推广。在日志中放入短视频账号的相关资料，更好地吸引受众关注。

（5）QQ 空间说说推广。QQ 签名同步更新至说说上，用一句有吸引力的话激起受众的关注。

（6）QQ空间相册推广。很多人加QQ时都会查看相册，所以，相册也是一个很好的引流工具。

（7）QQ空间分享推广。利用分享功能分享短视频信息，好友点击标题即可进行查看。

—— 微博平台引流，庞大用户基数 ——

在微博平台上，运营者进行短视频推广，主要还是依靠两大功能来实现推广目标，即"@"功能和热门话题。

首先，在进行微博推广的过程中，"@"功能非常重要。在博文里可以"@"明星、媒体、企业，如果媒体或名人回复了你的内容，就能借助他们的粉丝扩大自身的影响力。若明星在博文下方评论，则会受到很多粉丝及微博用户关注，那么短视频定会被推广出去。

图7-23所示为"FILA"通过"@"某明星来推广短视频和产品以及吸引用户关注的案例。图7-24所示为没有"@"明星来推广的案例。非常明显，有"@"明星来推广的那条微博转发量、评论数、点赞数远远高于没有"@"明星来推广的。

图7-23 "@"明星吸引关注

图7-24 没有"@"明星吸引关注

其次，微博"热门话题"是一个制造热点信息的地方，也是微博用户数量最多的地方。企业号运营者要利用好这些话题，推广自己的短视频，发表自己的看法和感想，提高阅读和浏览量。

── 百度平台引流，3 个平台切入 ──

作为中国网民经常使用的搜索引擎之一，百度毫无悬念地成为互联网 PC 端强劲的流量入口。具体来说，抖音企业号的运营者借助百度来推广引流主要可从百度百科、百度知道和百家号这 3 个平台切入。下面分别对这 3 个方面进行解读。

1 百度百科

百科词条是百科营销的主要载体，做好百科词条的编辑对企业号运营者来说至关重要。百科平台的词条信息有多种分类，但对于企业号运营者引流推广而言，主要的词条形式包括 4 种，具体如下。

（1）行业百科。企业号运营者可以以行业领头人的身份，参与到行业词条信息的编辑中，为想要了解行业信息的用户提供相关行业知识。

（2）企业百科。企业号运营者所在企业的品牌形象可以通过百科进行表述，例如，奔驰、宝马等汽车品牌，在这方面就做得非常成功。

（3）特色百科。特色百科涉及的领域十分广阔，例如，名人可以参与自己相关词条的编辑。

（4）产品百科。产品百科是消费者了解产品信息的重要渠道，能够起到宣传产品，甚至是促进产品使用和产生消费行为等作用。

对于企业号运营者引流推广而言，比较合适的词条形式是企业百科。图 7-25 所示为百度百科中关于"特仑苏"的相关内容，其采用的是企业百科的形式。在该百科词条中，"特仑苏"这个名称多次出现，这很好地增加了"特仑苏"这个品牌的曝光率。

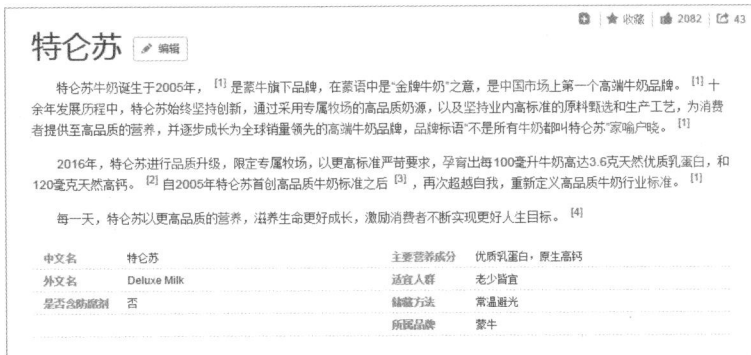

图 7-25 "特仑苏"的企业百科

2 百度知道

百度知道在网络营销方面，具有很好的信息传播和推广作用，利用百度知道平台，通过问答的社交形式，对抖音电商运营者快速、精准地定位客户有很大帮助。百度知道在营销推广上具有两大优势：精准度和可信度高。这两种优势能形成口碑效应，对网络营销推广来说显得尤为珍贵。

通过百度知道来询问或作答的用户，通常对问题涉及的东西有很大兴趣。比如，有的用户想要了解"有哪些饮料比较好喝"，部分饮料爱好者可能就会推荐自己喜欢的饮料，提问方通常也会接受推荐去试用。

百度知道是网络营销的重要方式，因为它的推广效果相对较好，能为企业带来直接的流量和有效的外部链接。基于百度知道而产生的问答营销，是一种新型的互联网互动营销方式，问答营销既能为企业植入软性广告，同时也能通过问答来发展潜在用户。图 7-26 所示为关于"耐克"的相关问答信息。

上面这个问答信息中，不仅增加了"耐克"在用户心中的认知度，更重要的是对该品牌的企业理念进行了详细介绍。而看到该问答后，部分用户便会对耐克这个品牌产生一些兴趣，这无形之中为该品牌带来了一定的流量。

而企业号运营者在利用百度知道涨粉时，也可以沿用这一模式，即对于百度知道中提出的有关自己企业的问题进行解答，在解答的过程中添加自己的抖音账号信息，然后吸引用户前往抖音短视频平台搜索关注你的抖音号。

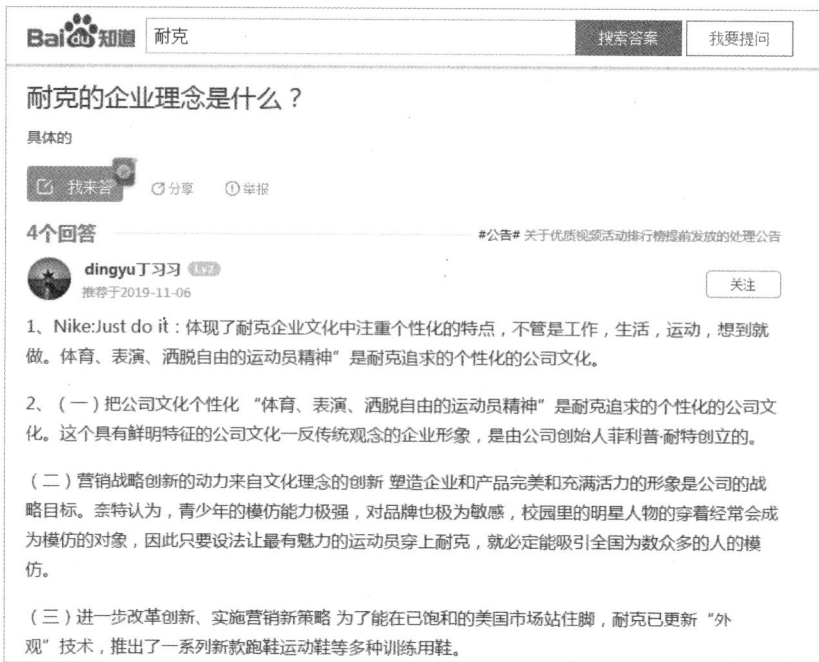

图 7-26   "耐克"在百度知道中的相关问答信息

3 百家号

百家号是百度旗下的一个自媒体平台，于 2016 年 9 月份正式推出。企业入驻百家号平台后，可以在该平台上发布文章，然后平台会根据文章阅读量的多少给予运营者收入。与此同时，百家号还以百度新闻的流量资源作为支撑，帮助运营者进行文章推广、扩大流量。

百家号上涵盖的新闻有 5 大模块，即科技版、影视娱乐版、财经版、体育版和文化版。且百度百科平台排版十分清晰明了，用户在浏览新闻时非常方便。在每个新闻模块的左边是该模块最新的新闻，右边是该模块新闻的相关作家和文章排行。值得一提的是，除了对品牌和产品进行宣传之外，运营者还可以通过内容的发布，从百家号上获得一定的收益。总的来说，运营者在百家号上的收益主要来自三大渠道，具体如下。

（1）广告分成。百度投放广告盈利后采取分成形式。

（2）平台补贴。包括文章保底补贴、百 + 计划和百万年薪作者的奖励补贴。

（3）内容电商。通过内容中插入商品所产生的订单量和分佣比例来计算收入。

—— 今日头条平台，提供精准信息 ——

今日头条是一款基于数据挖掘行为的推荐引擎产品，同时也是短视频内容发布和变现的一个大好平台，可以为消费者提供较为精准的信息内容。今日头条不仅在短视频领域推出了3款独立产品（西瓜视频、抖音短视频、抖音火山版），同时也在自身App中推出了短视频功能。

1 如何发布短视频

视频号运营者可以通过在今日头条平台发布抖音短视频的方式，达到引流的目的，下面介绍具体的操作方法。

▶▶ STEP01 登录今日头条App，点击"发布"按钮，如图7-27所示。

▶▶ STEP02 弹出新页面，然后点击该页面中的"发视频"按钮，如图7-28所示。

图 7-27 点击"发布"按钮　　图 7-28 点击"发视频"按钮

▶▶ STEP03 进入本地视频选择页面，❶选择从抖音号保存下来的短视频；❷点击"下一步"按钮，如图7-29所示。

▶▶ STEP04 进入"编辑信息"页面，在该页面编辑短视频封面、输入标题和简介，完成后点击"发布"按钮，如图7-30所示。

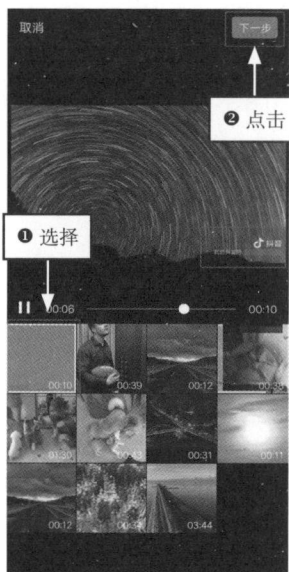

图 7-29　选择要发布的视频　　图 7-30　"编辑信息"页面

　　从抖音上下载的短视频上面会显示该抖音号，如果今日头条的用户看过视频觉得不错的话，就可以去抖音 App 上搜索该抖音号，然后关注成为粉丝。

　　除了发布短视频引流之外，拥有抖音号的头条号运营者还可以借助绑定今日头条和抖音实现粉丝的快速增长，从而达到引流的目的。那么，抖音与今日头条如何绑定呢？具体操作如下。

▶▷ STEP01 登录抖音短视频 App，进入"设置"界面，点击"账号与安全"按钮，如图 7-31 所示。

▶▷ STEP02 进入"账号与安全"界面，点击界面中的"第三方账号绑定"按钮，如图 7-32 所示。

▶▷ STEP03 进入"第三方账号绑定"界面，点击界面中的"今日头条"按钮，如图 7-33 所示。

▶▷ STEP04 进入今日头条登录界面，❶输入手机号和验证码；❷点击"授权并登录"按钮，如图 7-34 所示。

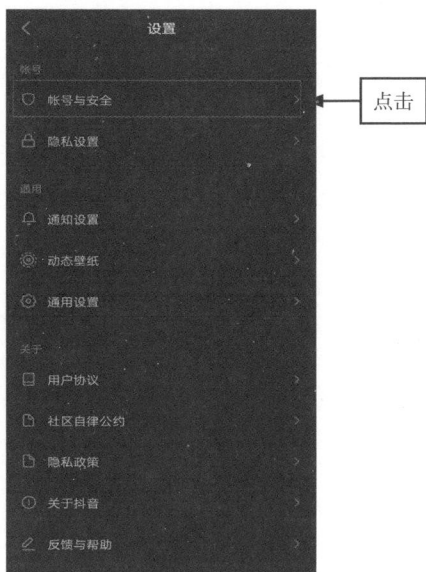

图 7-31　点击"账号与安全"按钮

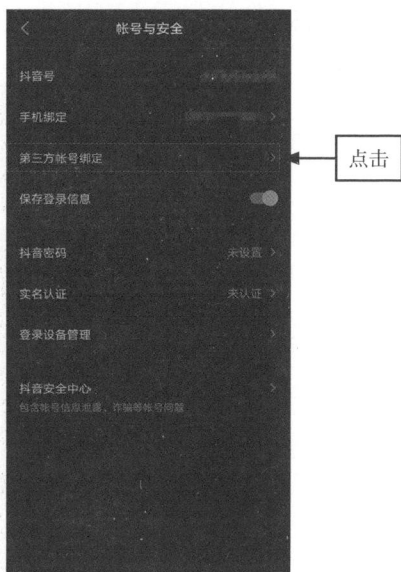

图 7-32　点击"第三方账号绑定"按钮

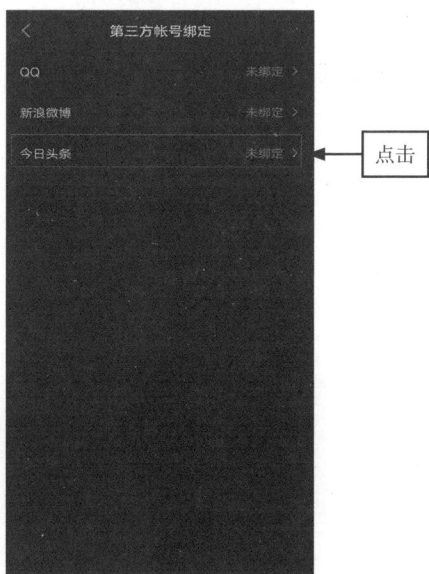

图 7-33　点击"今日头条"选项

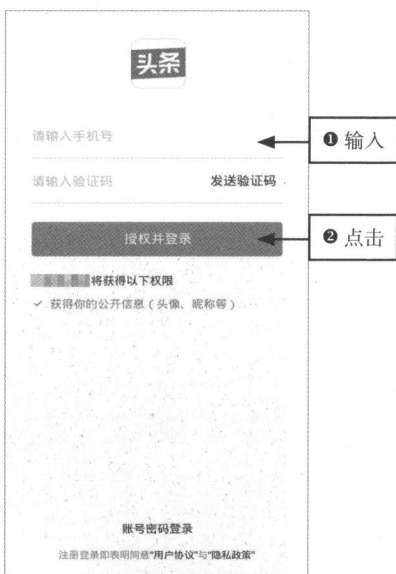

图 7-34　今日头条"授权并登录"界面

▶▷ STEP05 进入抖音授权登录界面，点击界面中的"授权并登录"按钮，如图 7-35 所示。

▶▷ STEP06 返回"第三方账号绑定"界面。此时，如果弹出"绑定成功"对话框，就说明绑定成功了。绑定完成后，抖音运营者还可点击对话框中的 ●■ 按钮，进行视频的同步，如图 7-36 所示。

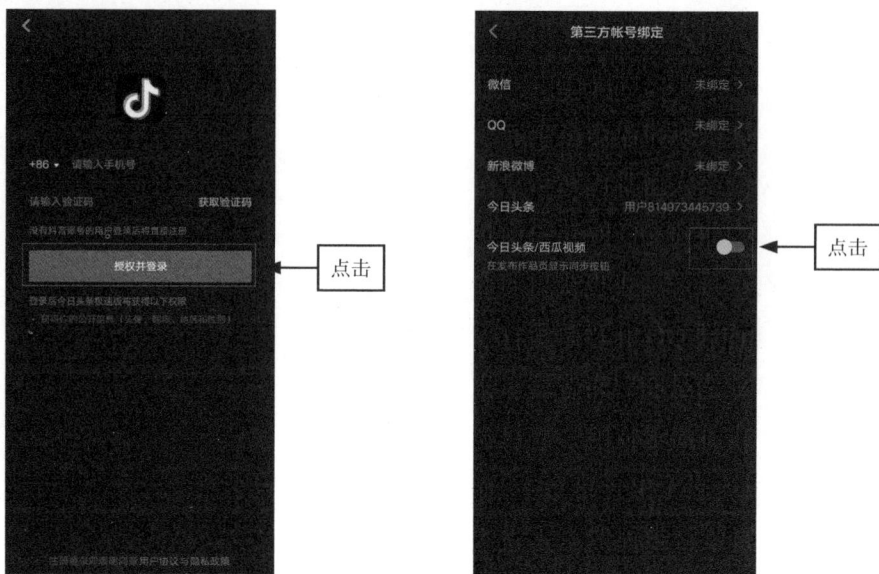

图 7-35　进入抖音点击"授权并登录"按钮　　图 7-36　点击●按钮

▶▷ STEP07　操作完成后，同步按钮将显示开启，如图 7-37 所示。另外，此时返回"设置"界面，抖音运营者就会看到界面中多了一个"账号互通"板块，如图 7-38 所示。

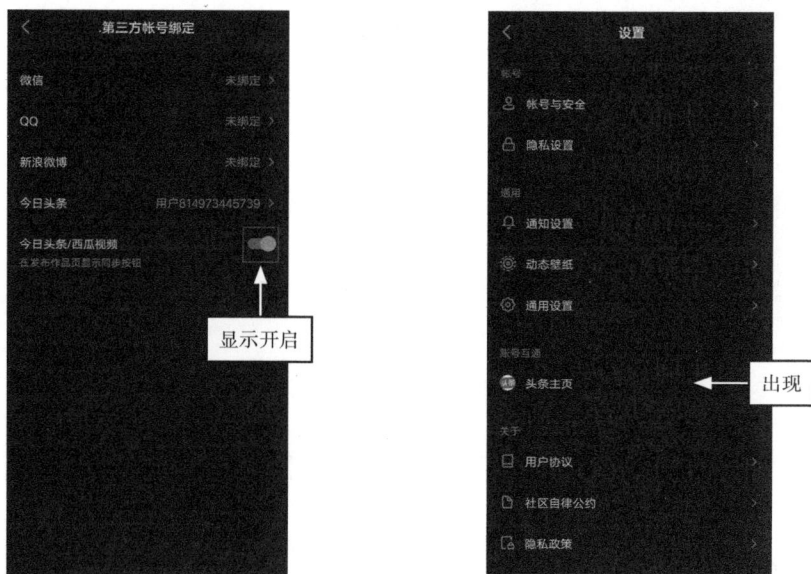

图 7-37　同步按钮显示开启　　　　图 7-38　出现"账号互通"板块

2 短视频如何赚钱

今日头条短视频的变现方式主要有两种，即平台的流量分成和打造个人IP。流量分成很好理解，今日头条的短视频收益是根据播放量来决定的，因此抖音电商运营者要想通过今日头条的短视频发布获取收益，就需要努力提高作品的推荐量和阅读量等数据。图7-39所示为今日头条的相关数据分析。

图7-39　今日头条数据分析

在今日头条后台的"收益分析"页面中，即可看到具体的视频收益金额，如图7-40所示。优质视频的原创头条号可以申请开通视频原创标签，让作品匹配给更多精准的人群，提高视频的推荐量和播放量。毕竟播放量高、阅读量高，今日头条就可以更好地推广广告，而作者也可以赚到更多的钱。

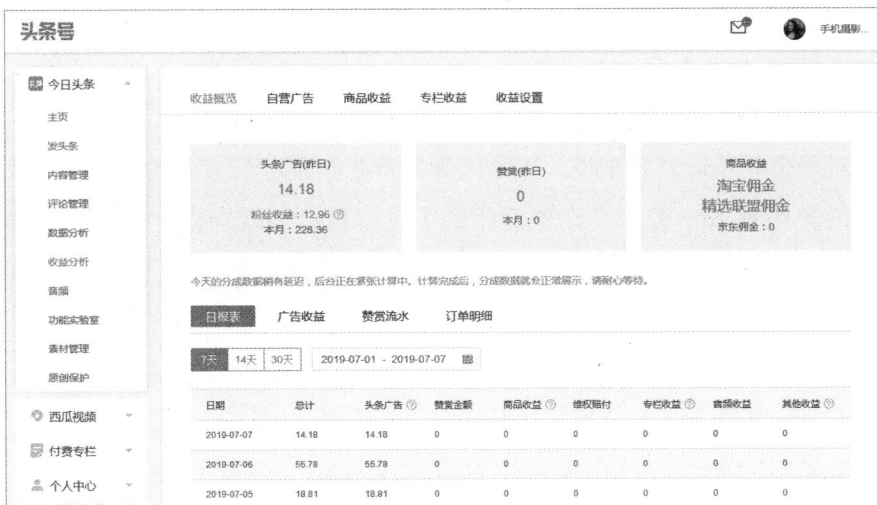

图7-40　今日头条收益分析

—— 视频网站引流，庞大观看群体 ——

视频相较于文字和图片而言，在表达上更为直观、丰富，而随着移动互联网技术的发展，手机流量等因素的阻碍越来越少，视频成为时下最热门的领域，借助这股东风，爱奇艺、优酷、腾讯视频、搜狐视频等视频网站获得了飞速发展。

随着各种视频平台的兴起与发展，视频营销也随之兴起，并成为广大企业进行网络社交营销常采用的一种方法。小程序运营者可以借助视频营销，近距离接触自己的目标群体，将这些目标群体开发成为自己的客户。

视频背后庞大的观看群体，对视频营销而言就是潜在用户群，而如何将这些视频平台的用户转化为店铺或品牌的粉丝，才是视频营销的关键。对于抖音电商运营者来说，最简单、有效的视频引流方式便是在视频网站上传与品牌和产品相关的短视频。

下面，就以爱奇艺为例进行说明。爱奇艺创立于 2010 年，是一个以"悦享品质"为理念的视频网站。在短视频发展如火如荼之际，爱奇艺也推出了信息流短视频产品和短视频业务，加入了短视频发展领域。

一方面，在爱奇艺 App 的众多频道中，有些频道就是以短视频为主导的，如大家喜欢的资讯、热点和搞笑等。另一方面，它专门推出了爱奇艺纳逗 App，这是一款基于个性化推荐的、以打造有趣和好玩资讯为主的短视频应用。

当然，在社交性、娱乐性和资讯性等方面各有优势的短视频，爱奇艺选择了它做短视频的发展方向——娱乐性。无论是爱奇艺 App 的搞笑、热点频道，还是爱奇艺纳逗 App 中推荐的以好玩、有趣为主格调的短视频内容，都能充分地体现爱奇艺娱乐性的发展方向。

而对于企业号运营者来说，正是因为爱奇艺在某些频道上的短视频业务偏向和专门的短视频 App 开发，让他们找到了进行抖音短视频推广的平台和渠道。同时，爱奇艺作为我国三大视频网站 BAT 之一，有着巨大的用户群体和关注度，因而如果以它为平台进行短视频运营推广，通常可以获得不错的效果。

图 7-41 所示为"海蓝之谜"在爱奇艺上投放的一则广告视频的截图。该广告插入部分影视剧和综艺节目正片开始之前的广告时段，利用影视剧和综艺节目的热度来提高品牌曝光的机会，提升品牌的知名度。

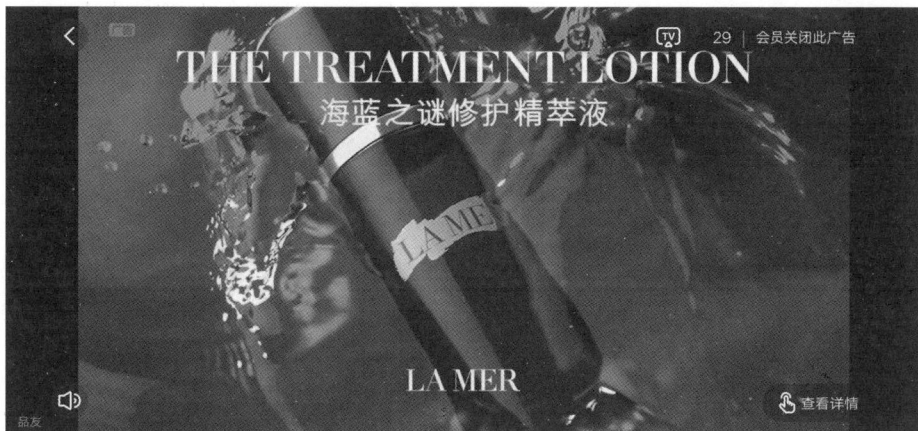

图 7-41　"海蓝之谜"在爱奇艺上发布的一则广告视频

上面所说的提升企业知名度的方法比较适合比较大的企业和品牌，那么中小型企业又怎样利用视频网站的流量为自己服务呢？这里以优酷为例进行讲解。优酷是国内成立较早的视频分享平台，其产品理念是"快者为王"，凭借"快速播放，快速发布，快速搜索"的产品特性，来满足多元化的用户需求，并成为互联网视频内容创作者（在优酷中称为"拍客"）的集聚地。

在优酷"拍客"频道上，不管你使用的是专业的摄像机，还是一部手机，也不管你是直接拍摄视频，还是将视频号等平台发布的短视频进行搬运，只要是喜欢拍视频的人，都可以成为"拍客"。

除了"拍客"频道外，优酷还支持用户在优酷个人中心上传自己的视频，具体操作步骤如下。

▶▶ STEP01　登录优酷，进入优酷的"个人中心"界面，点击"发布作品"按钮，进入"选择视频"界面，如图 7-42 所示。

图 7-42　点击"发布作品"按钮进入"选择视频"界面

▶▶ STEP02　选择想要发布的视频，进入剪辑界面，点击"下一步"按钮，如图 7-43 所示。

▶▶ STEP03　在弹出的"完善视频信息"界面中填写信息，完成后点击"发布"按钮，如图 7-44 所示。

图 7-43　点击"下一步"按钮

图 7-44　"完善视频信息"界面

等待平台审核，可以在"作品管理"界面查看审核进度，视频审核完成后，才算在优酷平台上发布成功，如图 7-45 所示。

图 7-45 "作品管理"界面

　　用户在上传视频时，可以通过对视频进行描述，介绍视频的来源，来吸引用户关注你的视频号。

—— 音频平台引流，充分利用时间 ——

　　音频内容的适用范围更为广泛，在跑步、开车甚至工作等多种场景中，都能在悠闲时收听音频节目，音频相比视频来说，更能满足人们的碎片化需求。对于自媒体电商运营者来说，利用音频平台来宣传电商平台和抖音账号，是一条很好的营销思路。

　　音频营销是一种新兴的营销方式，它是以音频为主要内容的传播载体，通过音频节目运营品牌、推广产品。随着移动互联的发展，以音频节目为主的网络电台迎来了新机遇，与之对应的音频营销也进一步发展。音频营销的特点具体如下。

　　（1）闭屏特点。闭屏的特点能让信息更有效地传递给用户，这对品牌、产品推广营销而言更有价值。

　　（2）伴随特点。相比视频、文字等载体而言，音频具有独特的伴随属性，它不需要耗费视觉上的精力，只需双耳在闲暇时收听即可。

　　下面，以"蜻蜓 FM"为例进行说明。"蜻蜓 FM"是一款强大的广播收听应用，用户可以通过它收听国内外数千个广播电台。而且"蜻蜓 FM"相比其他音频平台，具有如下特点。

　　（1）跨地域，连接数据的环境下，可以全球广播自由选。

　　（2）免流量，户可以通过硬件 FM 免流量收听本地电台。

（3）支持点播，新闻、音乐、娱乐、有声读物等自由点播。

（4）内容回听，不再受直播的限制，错过的内容可以回听。

（5）节目互动，用户通过"蜻蜓FM"可以与喜欢的主播实时互动。

在"蜻蜓FM"平台上，用户可以直接通过搜索栏寻找自己喜欢的音频节目。对此，抖音电商运营者只需根据自身内容，选择热门关键词作为标题便可将内容传播给目标用户。图7-46所示为在"蜻蜓FM"平台搜索"美食"后，出现的多个与之相关的节目。

图7-46 "蜻蜓FM"中"美食"的搜索结果

运营者应该充分利用用户碎片化需求，通过音频平台来发布产品广告，音频广告的营销也有一定的优势，向听众群体的广告投放更为精准，而且，音频广告的运营成本也比较低廉，十分适合本地中小型企业的长期推广。

第.**8**.章

塑造品牌形象，
提高用户认同

对于企业来说品牌就是利益，因为品牌能够激起用户的购买欲望，能够在公众之间建立一种权威形象，并且形成影响，吸引广告合作和商业融资，进行商业化扩大和升级。企业可以利用企业号打造品牌，塑造形象服务，从而提高用户认同，赢取更多粉丝，促进企业的健康发展。

一 打造优秀品牌，推动企业发展

打造出让消费者记住的品牌是企业发展的最好途径，好的品牌可以让消费者记住你，在挑选产品的时候选择你，可以说品牌就是最好的宣传。本节给大家简单介绍品牌的相关信息。

—— 品牌带来利益，建立权威形象 ——

企业号在打造出品牌后，其利益获取大致有两种方式，一是快速获得利益，二是周转获得利益。具体来说，包括用户直接购买产品让企业运营者获得收益、通过商业融资合作扩大品牌影响力。

比如，说到思维，许多人想到的可能是"罗辑思维"，创办人是"得到"App的创始人。"得到"通过多年的积累和沉淀，现在已经成为一个比较有名的品牌，许多人就是因为"得到"这个品牌而选择购买其课程。图8-1所示为"得到"App的相关界面。

图 8-1　"得到" App 的相关界面

很多时候，许多人购买产品，会将产品质量与品牌直接挂钩。这也是为什么企业号运营者要重点打造品牌，而且有品牌的企业号能快速获利的重要原因。

—— 品牌需要个性，形成独特印象 ——

企业号想要发展成为品牌，需要拥有自己的个性，因为所谓品牌就是以其高度的独特性和辨识度在用户心中形成品牌形象和品牌象征，并和同类经营者形成显著差别，从而让目标用户一想到某一领域时，便会马上想到有个性的品牌。

个性企业号品牌的打造，关键在于营造出有别于同行的运营形象，让品牌表现出独特性和辨识度，即通过品牌特征的营造，在目标用户心中留下印象，强化品牌的地位。

在企业号风格的打造中，笔者曾提到了"个性"的概念，在内容风格写作的个性规范中，强烈要求写出自己的独特见解、独特视角、独特态度，严禁抄袭。在内容写作和品牌经营中，个性的定义是相通的，都是要做出自己的独特感和辨识度。品牌对于独特感和辨识度的追求，已经强化到连品牌 LOGO 也要做到独一无二，甚至对于商标被侵权的保护都已经明确立法了。

—— 传播企业文化，促进账号运营 ——

品牌与企业文化之间是一个互相成就的关系，首先通过对企业文化的宗旨、信念、理念等元素的加强、升华，在用户的意识中形成一种良好的品牌印象，之后再借助品牌的标识性、权威性和广泛影响性等特征，把企业文化深入传播到每一个用户中。

本小节主要基于品牌对企业文化的传播，向读者介绍品牌是企业团队精神的彰显、品牌是企业服务质量的折射以及品牌是企业文化层次的说明，帮助大家更好地理解品牌和企业文化的关系，从而通过品牌和企业文化的打造，更好地促进企业号的运营。

1 品牌是企业团队精神的彰显

品牌是企业团队精神的彰显，而团队精神是单位组织的灵魂，它将企业文化的宗旨、信念、理念灌输到每一个员工的精神里，成为所有成员一致认同的思想境界、价值取向和主导意识，企业团队精神能够反映出一个团队的工作状况、形象和风气。所以，要打造品牌，企业团队精神的培养将是非常重要的一环。

能够组成一支高效、和谐的企业号运营团队，需要团队内部员工之间互助、互利、目标统一，实现团队整体利益与员工个体利益之间的统一。下面以图解的形式向大家介绍组成一支高效、和谐的企业号运营团队的方法，如图 8-2 所示。

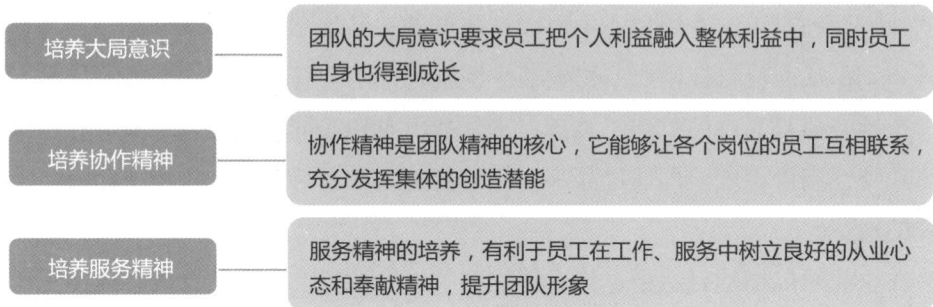

培养大局意识	团队的大局意识要求员工把个人利益融入整体利益中，同时员工自身也得到成长
培养协作精神	协作精神是团队精神的核心，它能够让各个岗位的员工互相联系，充分发挥集体的创造潜能
培养服务精神	服务精神的培养，有利于员工在工作、服务中树立良好的从业心态和奉献精神，提升团队形象

图 8-2　组成一支高效、和谐的企业号运营团队的方法

一支具有大局意识、协作精神和服务意识的高效、和谐的企业号运营团队的培养，需要有正确的企业管理文化的引导。下面以图解的形式向大家介绍正确的企业号运营团队管理文化，如图 8-3 所示。

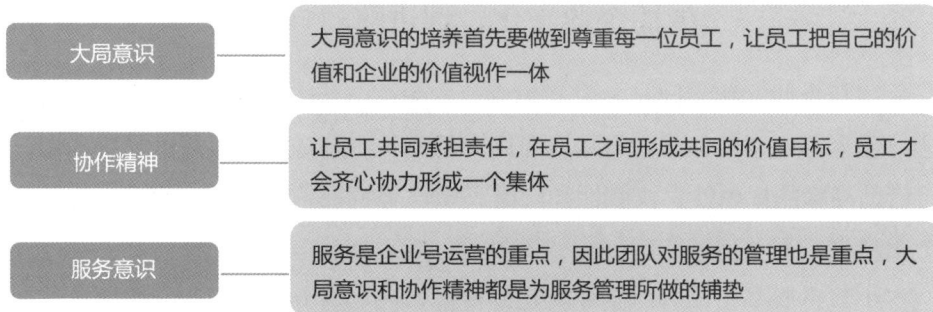

大局意识	大局意识的培养首先要做到尊重每一位员工，让员工把自己的价值和企业的价值视作一体
协作精神	让员工共同承担责任，在员工之间形成共同的价值目标，员工才会齐心协力形成一个集体
服务意识	服务是企业号运营的重点，因此团队对服务的管理也是重点，大局意识和协作精神都是为服务管理所做的铺垫

图 8-3　正确的企业号管理文化

团队精神的作用是从企业号运营团队内部，以精神上和价值观上的影响，去影响、去凝聚、去协调成员之间的工作关系和感情联系，这种影响是由内至外、由下至上，自觉产生的，能够让成员之间的关系更加和谐、深厚。

2 品牌是自媒体企业服务质量的折射

品牌是企业文化的各项优势元素综合凝结的成果，而在企业文化中，团队的服务是最终的落脚点和最有力的竞争条件。因此，人们在想到一个品牌时，最深的印象和最先考虑的是该企业能够提供给自己的服务。

在辞典的解释中，服务的意思是为他人做事，使他人获得利益的活动，尽管在为他人进行服务的过程中有可能会获得他人的物质报酬，但最好的服务是让他人收获的利益远远高于自己的付出，这样才能使双方的交往更加和谐。

优秀的企业号运营团队之所以称其为优秀，关键就在于其能通过良好的职业态度、敬业精神以及人格魅力等，获得用户对企业的好感、信任和尊重，从而让品牌在用户心中留下良好的印象。

比如，3CE 化妆品牌在抖音上开通了企业号，该企业号的运营团队提供的服务就非常好，对于用户提出的问题，不管是否与产品有关，都会很有耐心的回答。因此，该品牌给用户的感觉就很好，受到很多用户的喜爱，其产品的销量也一直不错。图 8-4 所示为"3CE STYLENANDA"的运营者与用户的互动。

图 8-4 "3CE STYLENANDA" 的运营者与用户的互动

以服务影响用户的消费信任，表现最显著的是在客服人员与消费者沟通时的服务态度。部分消费者购物时，会习惯性地与客服人员进行沟通，如果客服人员提供的服务能够获得购买者的信任、尊敬和好感，那么消费者的购买可能性就会提高。反之，如果客服人员的表现令人反感，购买者可能会觉得这里的产品不值得买。

3 品牌是自媒体企业文化层次的说明

任何事物之间都有一个层次之分，正如学历的区别一样，小学生和大学生之间，大学生和博士生之间，可能很多人认为只是一纸文凭的差别，但其实经过升学的层层考验以及升学后接触不同的知识，已经形成了质的差别。

企业号运营团队的层次差别就是企业之间质的差别，而这种差别又是对其所运营品牌的有力说明。提高企业文化层次，成为企业号运营团队必须重点做好的一项工作。

企业文化层次的差别，实际上是企业各项服务的差别，具体表现在企业服务理念、服务设施和服务效果等。这些差别将影响用户对企业的理解、信心和支持力度，直接决定运营的效果。

企业的服务理念其实是企业的一种发展目标，理念的好坏也决定用户能不能理解并产生共鸣。另外，企业服务的硬件设施和效果体验体现了一个企业的背景实力，并影响用户的感受。理念、设施和效果是企业服务层次的三大指标。

企业团队服务的理念、设施和效果，分别代表着企业前期的实力积累、现期的效果提供以及将来的发展前景，这三大指标在很大程度上能够衡量企业品牌在行业内的地位以及在用户心目中的地位。

企业文化层次的差别，决定了品牌的行业地位与用户印象，具体表现在企业实力决定品牌竞争力、服务效果决定品牌影响力和发展前景决定品牌可信度，进而影响品牌能否实现升级、能否留置用户以及能否扩大影响。

比如，许多人选国产手机，可能会比较青睐于选择"华为"这个品牌。这主要是因为该品牌一直致力于打造用户体验更佳、功能更全、拍照更美的手机，这些使其获得了不少用户的支持，所以"华为手机"的官方账号获得很多抖音用户的关注。图8-5所示企业号"华为终端"的相关内容。

企业号运营团队的层次由企业的实力积累、服务和发展前景三大元素决定，同时，企业运营团队的层次又决定了企业品牌在行业内的地位和在用户群心目中的地位，并影响着企业品牌能否实现升级、能否留住用户和能否扩大影响力。

图 8-5　企业号"华为终端"的相关内容

这些概念论证了品牌能够说明企业号运营团队的层次这一说法，因为用户对企业号的服务、设施和理念都是非常了解的，所以很清楚品牌在行业内的地位、企业号运营团队的层次以及企业文化的高低程度。

—— 做好品牌口碑，提升用户忠诚度 ——

对于企业来说，没有口碑就没有用户的忠诚度，没有用户的忠诚度就没有产品的销量。所以，企业号运营者想要进行互联网品牌营销，提升产品的销量，第一步就是要打造品牌的口碑，进而提升用户忠诚度。那么，运营者如何打造好口碑呢？通过对众多成功案例进行分析，主要总结出以下 3 个方面。

1 极致思维

产品对于任何企业来说，都是至关重要的，品牌自然也不例外。因此，企业号运营者想要打造好的口碑，首先就是做"极致"化的产品，让产品成为目标用户的首选。

2 借势思维

粉丝从 100 发展到 1 000，再到 1 万，可以说是小范围的扩容，对于大多数企业号运营者来说，这一点也不难做到。但是，要从 1 万发展到 10 万、100 万，甚至是 1 000 万，运营者又要怎么做呢？这时，运营者需要借助"东风"来帮助自己打造更高层次的口碑。

3 辐射思维

在品牌的口碑打造中，有什么比口口相传这种辐射思维更接地气呢？一般来说，口口相传主要是通过在企业铁杆粉丝、企业核心目标消费群和企业老客户中，建立忠诚的消费群，由内而外地进行品牌塑造和宣传，形成"辐射"状的宣传效应。

无论怎么说，抖音短视频平台，始终处于互联网这个大环境中。所以，企业号运营者要想获得口碑，让自己的账号快速发展，采取适合大环境的方法，以互联网思维做指导，可以说是一种必然的选择。

—— 制定品牌战略，寻找营销方案 ——

与传统媒体和传统传播平台相比，互联网毫无疑问是更便捷、更广泛的品牌和信息传播平台。在互联网时代，当一个企业或自媒体运营者开始打造一个品牌时，制定出色的品牌战略就成为一件非常重要的事情。

互联网时代的电商品牌营销，因为互联网的代入又碰撞出新的东西，所以企业号运营团队要想在新的互联网环境中，让企业号在抖音平台获得应有的发展，还要借助互联网寻找品牌的营销方案。

通过对网上各种成功案例的观察，可以发现，在互联网中运用品牌营销战略的成功案例有不少，而且大多有规律可循。那么，如何制定一个在互联网上看上去算是出色的品牌战略呢？

企业号的运营者利用互联网对品牌进行传播，其实是一种通过向消费者传递品牌的信息，从而获得消费者认可的手段。当然，在利用互联网进行传播时，运营者还要注意传播的策略。品牌的传播策略主要包括广告传播策略、事件传播策略、植入式传播策略、体验式传播策略、App 传播策略、游戏传播策略、微信朋友圈传播策略和微博传播策略等。

在互联网时代，营销成为一个平台、一个企业发展的必要因素。对于一个自媒体品牌来说，不能说少了品牌的营销就一定无法取得成功，但是，有一点是很肯定的，那就是通过必要的营销，品牌将更容易在目标用户心中树立。

当然，自媒体品牌营销的方案是多种多样的，前人也给我们留下了许多成功的经验。所以，对于大多数企业号运营者来说，缺的不是品牌营销方法，而是适合自身实际情况的方法。而所谓的适合的品牌营销方法，还要运营者自己通过一次次的实践来寻找和确立。

（二）消费者变推销，宣传事半功倍

对于企业号运营者来说，一个人或者一个团队的精力是比较有限的，如果能将消费者变成店铺的推销员，店铺的宣传推广工作将变得事半功倍。那么，如何将消费者变成店铺推销员呢？本节将对具体的操作方法进行解读。

—— 质量换取口碑，获得铁杆粉丝 ——

想要利用粉丝打造口碑，就应该保证产品的质量，让消费者为品质而折服，从而逐渐演变为企业和店铺的铁杆粉丝。想要获得铁杆粉丝，并建立起产品和企业的粉丝团队是相当不容易的，要做到这一点，必须在产品的品质上大做文章。

那么，在具体的打造过程中，企业号运营者应该怎样操作呢？应重点做好以下两方面的工作。

1 保证产品的基础质量

能成为一个产品的铁杆粉丝，那么这款产品的基础质量肯定是过关的，因为消费者不可能长时间盲目地追捧一个产品，除非它的核心品质能让人信服。衡量产品基础质量的标准有哪些呢？主要有以下3点。

（1）产品要真材实料。

（2）产品性能要好。

（3）产品要经得起消费者的检验。

以小米手机为例，它之所以一次又一次地推出让粉丝尖叫的"爆品"，就是因为其在保证产品质量的基础上又对其手机进行了创新，满足了用户尤其是年轻用户的需求。图8-6所示为"小米官方旗舰店"的相关页面。

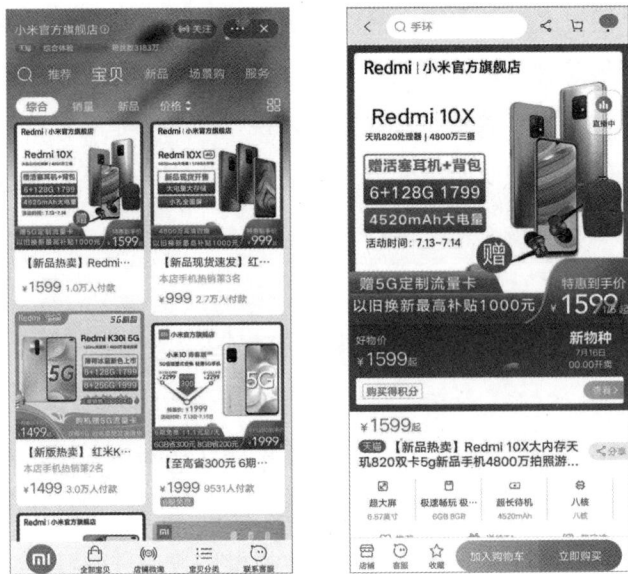

图 8-6 "小米官方旗舰店"的相关页面

小米的成功不是偶然，因为它抓住了广大消费者最本质的需求——品质。任何企业都应该学习小米注重产品的基础质量，并以此培养铁杆粉丝的策略，以获得消费者的持久支持。

2 为产品品质加点"料"

除了保证产品的基础质量，运营者还要学会为售卖的产品加点"料"，比如个性、品位等。因为随着时代的变化，大多数消费者对产品的品质需求已经发生了很大的改变。

在过去的社会中，消费者对产品的品质需求主要集中在产品本身具有的功能上。而在现代商业社会中，消费者对产品的品质需求则主要体现在产品的个性化和高品位上。以手表为例，手表的发展历程完美地诠释了时代的变化对人们对于产品的品质需求变化的影响。

最初，人们佩戴手表只是为了看时间的时候更加方便。慢慢地，人们开始追求手表的耐用性，有的人开始戴电子表，还有一部分人直接用手机看时间，不再戴表。而现在，越来越多人开始追求戴名牌手表，更加在乎手表的质感，而且戴表可以彰显一个人的品位。

因为时代的变化，所以一些产品的功能可能会被其他的产品所代替，但这并不意味着这款产品就此销声匿迹。相反，如果看准商机，把自身的产品做细做精，就会得到意想不到的收获。图 8-7 所示为"阿玛尼"手表的部分产品，其彰显的个性化和品位，就赢得了很多粉丝关注。

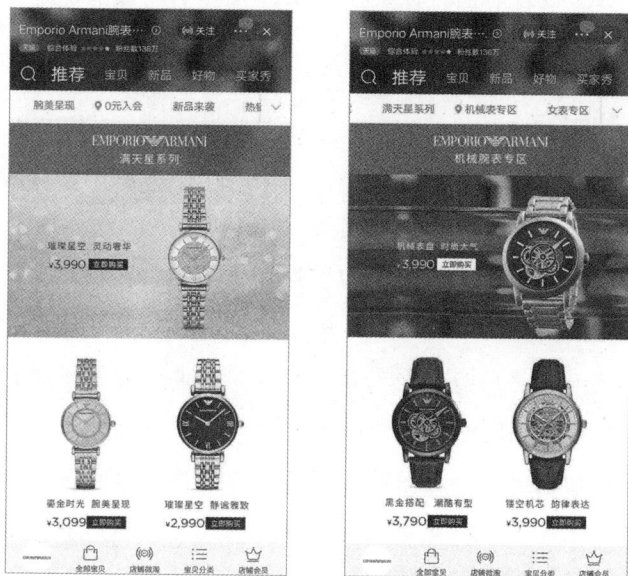

图 8-7　"阿玛尼"手表

需要注意的是，在为产品品质加"料"的时候也不能忘了产品的基础品质，因为那是产品的根本。如果将产品的品质与品位、个性相结合，更能赢得粉丝的青睐，企业的口碑树立也就容易多了。

—— 利用诚信经营，赢得用户信任 ——

获得粉丝的一个重要方法就是诚信经营。"信用是无形的资产"，如果运营者懂得利用诚信来进行店铺管理，就能获取消费者的信任，并树立良好的口碑。诚信经营是一个循序渐进的过程，但诚信一旦树立就会赢得众多消费者的信任，而且会直接影响产品的销量和品牌的传播。

有的运营者不注重诚信经营，为了赚取眼前利益全然不顾消费者的合法权益，从而失去了消费者的信任，甚至使得自己苦心经营的店铺口碑毁于一旦。这种行为是不可能会赢得粉丝支持的，更别说树立口碑，将消费者变成店铺的宣传员了。

运营者要在方方面面坚守诚信，在经营理念中渗透诚信，这样消费者就可以从购物的过程中感受到店铺的诚信理念，从而对品牌和店铺增加好感，主动向身边的人推荐品牌和店铺的相关产品。

那么，企业号运营者应该怎样利用诚信经营吸引粉丝的关注，从而获得粉丝的信任呢？可以重点从如下两方面努力。

1 从消费者出发

消费者对于店铺发展的重要性是不言而喻的，因为他们的取向决定着店铺的兴衰，他们的心理决定了店铺的发展趋势。

要想获得消费者的信任，使其成为品牌和店铺的忠实粉丝，就应该从消费者入手。运营者要从消费者的角度出发，展示店铺的诚信。具体来说，需要重点做好两方面的工作，一是要真诚、表里如一；二是要通过经营理念和财务状况等的细节公布，让消费者看到你的真实情况。

以沃尔玛为例，它是世界著名的零售商巨头，而其获得消费者信任的秘诀就在于诚信经营。那么，沃尔玛又是怎么做到诚信经营，从而获得消费者一如既往的信赖呢？主要有以下两点。

（1）企业领导充分认识到诚信的重要性。

（2）企业员工对诚信经营理念的坚守。

由此可见，沃尔玛的成功就在于懂得利用诚信经营的理念来获取消费者的信任。当然，其本身的服务和产品也是相当优质的，不然也无法通过培养大量的忠实粉丝来树立起口碑。

沃尔玛这个典型案例值得各个企业号的运营团队好好借鉴和学习，尤其是那些希望通过粉丝和诚信经营理念来打造口碑的企业，更应该仔细钻研和探索沃尔玛的经营之道。

2 关注社会公益

企业号运营者要想通过诚信经营获得消费者的信任，不仅要从消费者的角度考虑，还要从企业本身在社会上所处的位置来考虑。因为企业不是单独的个体，它是处于社会中的团队，依靠消费者和社会才得以生存发展，离开了消费者和社会，企业的口碑树立无从谈起。

因此，企业除了为实现赚取利润的目的而努力外，还要积极地承担起社会赋予企业的责任，以带动和倡导全社会一起为建设更加美好的家园而不懈努力。企业在承担社会责任的时候，切记不能弄虚作假，夸大其词，一定要说到做到，以便在消费者心中树立良好的社会口碑，得到他们的信任和认可。

为了获得粉丝的认可，打造口碑，诚信经营的理念不能丢。更为重要的是，从道德方面来看，坚守诚信是运营者义不容辞的责任，因此，想要树立良好的口碑，诚信经营必不可少。

—— 采取薄利多销，抓住用户的心 ——

价格对于消费者而言，永远都是购买产品时需要考虑的重要因素之一。运营者想要吸引更多的粉丝，从而为店铺口碑打造积聚力量，就应该从价格入手，牢牢抓住消费者的心。俗话说"薄利多销"，这样的营销方式更容易吸引消费者前来购买产品，从而主动向身边的人推荐该产品。

举个简单的例子，两个同样规模的水果店，一个产品的价格高一些，另一个产品的价格略低一些，价格高的产品虽然每单赚取的利润较高，但是销售出去的数量少；而价格低的产品虽然每单利润低，但胜在价格优势，它销售出去的数量多。所以，总体来看，还是价格低一些的水果店收入更多。

图 8-8 所示为两个店铺中百香果的销售信息，可以看到左边店铺的百香果净重 5 斤，价格为 49.8 元；而右边店铺的百香果则是带箱 6 斤，原价为 39.8 元，现在抢购只要 26.8 元。

图 8-8 两个店铺中百香果的销售信息

这两家店铺的百香果售价有着明显的价格差距，如果你是消费者，你会选择哪家店铺的百香果呢？这两家店铺的销量也给出了明确的答案，价格便宜的店铺总销量超过了 4 万，而价格较高的店铺总销量却不到 5 000。

值得注意的是，运营者在利用薄利获取价格优势的时候，一定要注重保证产品的质量，不可为了盈利而粗制滥造。否则，就算得到了消费者一时的追捧，时间一长，还是会被无情淘汰。因此，想要利用价格优势获取粉丝的支持，就要谨慎地保证产品质量，做好各方面的工作，以便为店铺树立口碑。

—— 适当发送福利，增强顾客黏性 ——

正所谓"得粉丝者得天下"，运营者想要获得更多粉丝的青睐和支持，就应该多为粉丝们发放福利。只有这样，运营者才能把粉丝牢牢抓住，从而为店铺口碑的树立打好基础。

那么，如何向粉丝发放福利，提高粉丝的黏性呢？笔者认为，运营者可以在店铺中适当地采取一些方式，向粉丝发放福利。比如，转发送奖品、消费满额送奖品、购物可抽奖等。当然，在向粉丝发放福利的过程中有一点需要特别注意，那就是赠送的福利要合乎粉丝的心意，只有这样，你发放的福利才能真正打动粉丝。

（三）加强售后服务，树立企业口碑

售后服务对于口碑的打造而言，是十分关键的一个环节。很多企业不注重售后的完善和提高，因此流失了很多客户，同时也错失了树立口碑的大好时机。本节将详细介绍如何打造售后，从而为企业树立口碑的各种方法。

—— 消除顾客顾虑，刺激购物需求 ——

随着现在网络购物越来越普及，很多消费者也对网上的产品产生了各种各样的怀疑和担忧疑问，比如对产品质量、色差、尺寸、品牌的怀疑，或者是对物流方面的怀疑，如是否包邮、发货时间是否拖延、物流速度快慢、产品是否会在运输途中被损坏等。

对于产品的售后，消费者同样也给予了十分的重视，因为售后服务关系到消费者的切身利益。因此，企业号的运营者要做的就是让消费者放心购物，全力消除消费者对售后服务的疑虑。消费者会从各个不同的方面对售后产生顾虑，下面将分别介绍。

1 产品是否保修

消费者在购物时会看关于售后方面的信息，特别是购买一些大宗物品（如计算机、手机、家电）时，他们会把是否保修看作是否购物的影响因素。因此，当消费者提起是否保修时，客服人员要通过各种方式消除其疑虑，具体技巧如下。

（1）强调企业保修服务出色。

（2）讲清楚保修的相关制度。

2 产品是否包换

对于一些价钱比较昂贵的产品，很多消费者都会琢磨是否包换，虽然很多店铺都会对可包换的产品直接标示包换，但消费者还是不放心。那么，要怎样才能排除顾客对产品是否包换的疑虑呢？客服人员可以重点做好两方面的工作。

（1）使用令消费者安心的语言。

（2）讲明产品包换的相关规定。

3 是否包退

除了包换，消费者在购物时还会斟酌产品是否包退的问题。有些运营者会限定产品包退的时间范围，比如十天或者半个月；有些运营者会因为产品本身的独特性质而不提供退货服务。无论什么情况，店铺的售后人员都应该与消费者友好地交流，从而让消费者放心，具体技巧如下。

（1）积极热情地面对消费者。

（2）向消费者说清包退的条件。

4 问题能否快速解决

因为网上购物的特殊性质，消费者在购物时无法直接感知产品的各种性能，比如质量、色差、款式等。所以消费者在拿到货物后，不可避免地会遇到各种各样的问题。于是消费者不得不向店铺的售后人员咨询。

但很多店铺的售后服务都不尽人意，甚至是让人大失所望。所以，一般消费者都会就店铺能不能高效地处理售后问题进行斟酌。那么，售后服务人员要怎样才能说服消费者，并让他们相信自己有良好的售后服务能力呢？具体技巧如下。

（1）强调售后服务水平高。

（2）举例说明售后问题的解决。

总的来说，消除消费者的疑虑既可以刺激消费者的购物需求，又可以为店铺的口碑打造提供坚实后盾，因此，各大企业和商家都要认真学习这门技巧，从而更好地吸引消费者。

—— 了解差评原因，解决售后问题 ——

企业号的售后人员主要是帮助消费者解决产品的售后问题，无论有什么事情，售后人员都应该第一时间为消费者服务。这样既能增强消费者对店铺的信任，同时又能促使消费者帮助店铺树立口碑。当然，帮助消费者解决难题也需要技巧，具体如下。

（1）面对消费者要有耐心，态度要积极。

（2）要确认消费者的问题已经妥善解决。

需要特别注意的一点是，很多时候即便在购物过程中出现了问题，大多数消费者也不会主动向售后人员反映情况。这主要是因为一方面购买的产品价值比较低，他们觉得没有必要为了这么点钱去找客服；另一方面，他们觉得问题解决起来可能比较麻烦。

那么，要怎样才能更好地解决售后问题呢？笔者认为，企业号运营者可以重点查看消费者的评价，特别是差评。了解消费者给差评的原因，并通过问题的解决，引导消费者修改差评。图8-9所示为用户给"MAC魅可"的差评和建议的截图。运营者应该根据用户的反馈来解决问题，改进产品。

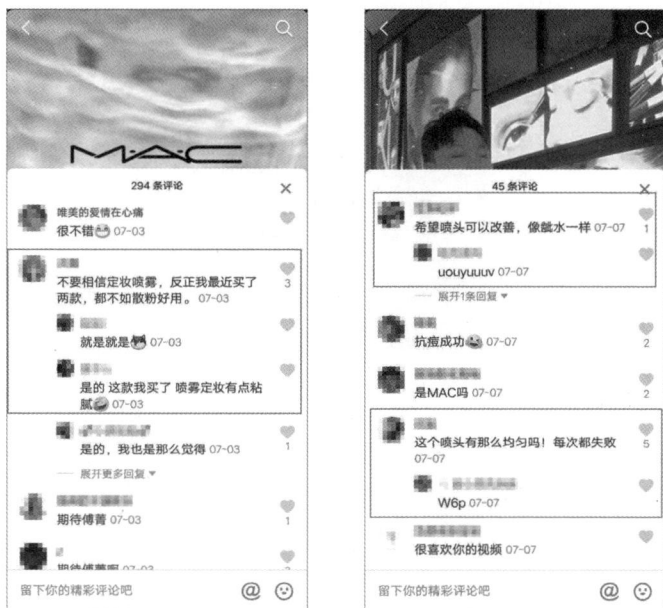

图 8-9 用户"MAC 魅可"的差评和建议

—— 附赠顾客惊喜，增加用户好感 ——

通过售后服务打造店铺口碑，需要消费者对店铺产生好感，而附赠一些小惊喜就是令消费者对店铺产生好感的一种有效方法。一般而言，消费者都喜欢占小便宜，因此只要给予他们些许实际优惠，他们就会对产品和企业产生好感和信任，然后成为产品或者企业的老客户。

无论销售什么产品，都可以给消费者附赠一些小惊喜。比如化妆品，可以附赠产品小样或者化妆的小件工具；生活用品，可以附赠手工制品，虽然不值钱，但是一份真诚的心意。有的商家还会用心地附赠一份手写信，以表达对消费者的感谢以及期待其再次光临。

例如，小明最近新买了手机，于是在网上选中了一款手机壳，在与客服沟通好后就下了单。手机壳本来就物美价廉，没想到收到货后打开包裹发现店家还贴心地附赠了手机膜，这让小明觉得物超所值。于是立马把这家店铺收藏了，还大力向朋友们推荐这款产品。图 8-10 所示为小明购买产品后给出的评价，小明赞美了手机壳并表示自己还会回购。

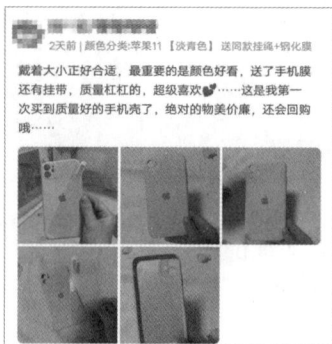

图 8-10　小明对产品的评价

　　小明的购物经历就恰好证明了附赠惊喜的重要性。很多消费者会因为商家这种附赠小礼物的行为而对商家好感倍增，无论是买什么产品，消费者总是希望能够买到最实惠的，因此，收到一些小礼品会让消费者产生一种"我赚到了""这个东西买得真值"的感觉。

　　这些都是打造店铺口碑的方式，对于消费者来说，这些小惊喜能提升他们对产品和商家的好感度，从而主动为店铺和产品进行宣传推广。

——　引导顾客好评，4 个专业技巧　——

　　对于网络购物而言，想要打造口碑就需要引导消费者给出好评。如何引导消费者给出好评是一个值得深思的问题，笔者将技巧总结如下。

　　（1）全面认清消费者。

　　（2）和消费者沟通，做好好评引导。

　　（3）将消费者分类，针对不同的类型，采取不同的引导方案。

　　（4）在提供优质服务的同时，对给出好评的消费者一些承诺，或直接给出一些福利，增加消费者给好评的意愿。

　　首先，全面认清顾客的目的就在于把握顾客的心理，从而避免遇到比较不好对付的顾客。那么，应该从哪些方面了解顾客呢？主要有以下几点。

　　（1）了解顾客的信用。

　　（2）了解顾客的类型。

　　（3）了解顾客的喜好。

　　（4）了解顾客的性格。

　　其次，沟通一直以来都是解决问题的最好办法，售后服务同样也需要利用沟通来进行打造。那么，客服人员应该从哪些角度与消费者进行沟通呢？下面将详细介绍不同情景的处理方法。

1 提前告知问题所在

如果企业想要打造爆品，树立口碑，就要全心全意为顾客提供使其满意的产品和服务。万一有什么难处，要提前告知顾客，并为其提供更为可行的解决办法。主要有两个小技巧：一是坦白承认产品的不足之处；二是用一些送福利的方式让顾客满意，比如免费赠送顾客手工礼物，或者让产品打折等。

2 了解消费者的需求

店铺的产品要与消费者的需求和预期一致，否则消费者无法获得满足感，更谈不上主动为企业宣传及推广产品和品牌了。几乎所有的消费者都会对自己购买的产品产生期待，比如产品的外观如何，功能怎样等。如果产品与预期有差别，消费者就会对企业大失所望，甚至再也不会二次购物。

因此，对于商家而言，最重要的就是明白消费者对产品的需求和期望。那么，具体应该怎么做呢？笔者将技巧总结如下。

（1）从交流中获知消费者的具体需求。

（2）无法达到预期则推荐其他同款产品。

3 提供高质量物流服务

一般而言，消费者在网上购买了自己喜欢的产品，都渴望产品尽快到达自己手中。但有些店铺物流服务做得特别差，导致消费者对其产生不良的印象。因此，抖音电商运营者要努力为消费者提供高质量的物流服务，在交流时应该弄清楚消费者对物流的需求，具体的解决技巧如下。

（1）无法达到期望则委婉说明。

（2）承诺会尽快帮消费者发货。

再次，面对不同类型的消费者，运营者要采用不同的方式来赢得好感。只有"对症下药"，才能获得成功。笔者将针对不同类型的消费者的解决方式进行了大致总结，具体如下。

（1）对新手顾客进行指导。

（2）与苛刻顾客多交流。

（3）对小气顾客多包容。

（4）对贪心顾客给恩惠。

最后，就是为消费者提供优质的服务。消费者感受到贴心、温暖的服务，自然就会对企业产生好感，从而更愿意给出好评。

对于网上购物平台而言，售后人员在与消费者交流时，务必要把消费者放在第一位。一定要时刻保持活力和热情，让消费者感受到来自店铺和售后人员的真诚态度。当然，耐心也是售后服务的一大重要因素，客服人员要不厌其烦地帮助消费者解决问题，给消费者留下好印象。

总的来说，为了引导消费者给出好评，运营者要从不同角度提高服务质量，无论是掌握消费者的心理，还是与其进行沟通交流，都要朝着一个方向，即引导消费者给出好评。这也是打造店铺口碑的必备条件之一。

—— 借助社交引导，促成二次消费 ——

对于运营者来说，要做的不应该是一锤子买卖，而应该想办法让消费者为店铺持续贡献购买力。只有想办法将消费者变成回头客，才能快速为店铺聚集人气，推动店铺健康发展。那么，如何将消费者变成回头客呢？其中一种比较有效的方法就是想办法将消费者拉进社群中，然后借助社交引导，促成消费者的二次消费。

图 8-11 所示为某店铺的消费者群，可以看到其就是借助微信群，发布产品的优惠信息，并通过产品的巨大优惠力度，刺激消费者的消费需求，从而引导消费者进行二次消费。

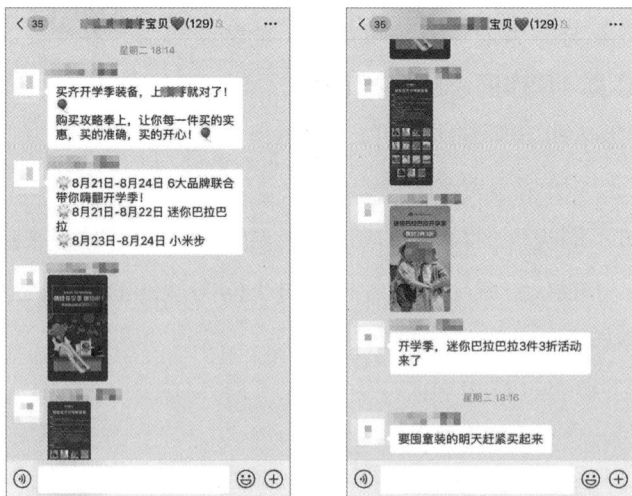

图 8-11　某店铺借助微信群引导二次消费

第 . **9** . 章

做好私域流量，
企业发展之路

什么是沉淀粉丝？笔者个人的理解就是将抖音这
个平台上的公域流量转化成自己抖音号或微信号上的
私域流量。

（一）打造私域流量，从零开始了解

对于任何生意来说，用户都是最重要的因素，如果你拥有成千上万的专属用户，那么，不管做什么事情，都会更容易取得成功。因此，不管是企业，还是个人创业者；不管是传统行业，还是新媒体行业，都需要打造自己的专属私域流量池。而企业号也是企业打造私域流量池的一个渠道。

—— 公域流量困境，用户增长疲软 ——

如今，不管是淘宝电商，还是自媒体"网红"，抑或是大量的传统企业，都越来越感觉到流量红利殆尽，面对着用户增长疲软的困境，大部分人和企业都面临流量瓶颈下的难题，如图 9-1 所示。

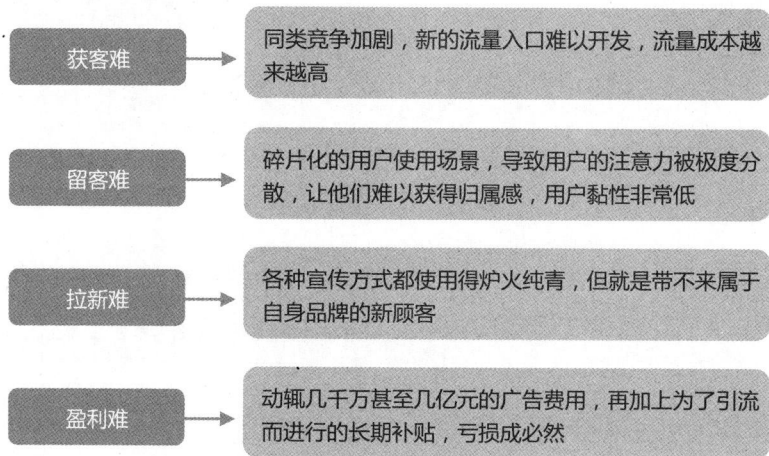

获客难	同类竞争加剧，新的流量入口难以开发，流量成本越来越高
留客难	碎片化的用户使用场景，导致用户的注意力被极度分散，让他们难以获得归属感，用户黏性非常低
拉新难	各种宣传方式都使用得炉火纯青，但就是带不来属于自身品牌的新顾客
盈利难	动辄几千万甚至几亿元的广告费用，再加上为了引流而进行的长期补贴，亏损成必然

图 9-1　流量瓶颈下的难题

很多用户对于各种营销套路已经产生了"免疫力"，甚至由于对这些营销行为的厌恶，而直接屏蔽你。在这种情况下，我们的流量成本可想而知是相当高的，因此很多自媒体创业者和企业都遭遇了流量瓶颈。

那么，应如何突破这些流量瓶颈带来的难题？答案就是做好私域流量，通过微信公众号、朋友圈、小程序、微博以及抖音等渠道，将各个平台的用户引流到微信来打造自己的专属私域流量池，把自己的核心用户圈起来，让彼此的关系更加持久。让顾客在情感上更加信任和依赖你，自然在选择产品的时候会更多地考虑你家的产品。

—— 私域之于公域，两者具体解读 ——

私域流量是相对于公域流量的一种说法，其中"私"是指个人的、私人的、自己的意思，与公域流量的公开相反；"域"是指范围，这个区域到底有多大；"流量"则是指具体的数量，如人流数、车流数或者用户访问量等，后面这两点私域流量和公域流量都是相同的。接下来将具体解读公域流量和私域流量。

1 什么是公域流量

公域流量的渠道非常多，包括各种门户网站、超级 App 和新媒体平台。图 9-2 列举了一些公域流量的具体代表平台。

图 9-2　公域流量的具体代表平台和流量规模

从上面这些平台的数据可以看到，这些平台都拥有亿级流量，并且通过流量来进行产品销售。它们的流量有一个共同特点，那就是流量都是属于平台的，都是公域流量。商家或者个人在入驻平台后，可以通过各种免费或者付费方式来提升自己的账号排名，推广自己的产品，从而在平台上获得用户和成交。

例如，歌手可以在 QQ 音乐 App 上入驻"Q 音音乐人"或者注册成为"电台主播"，然后发布自己的歌曲或者有声节目，吸引用户收听，用户需要通过付费充值会员来下载歌曲，歌手则可以获得盈利，如图 9-3 所示。

图 9-3　QQ 音乐 App

我们要在公域流量平台上获得流量，就必须要熟悉这些平台的运营规则，因此需要掌握公域流量的特点，具体特点如图 9-4 所示。

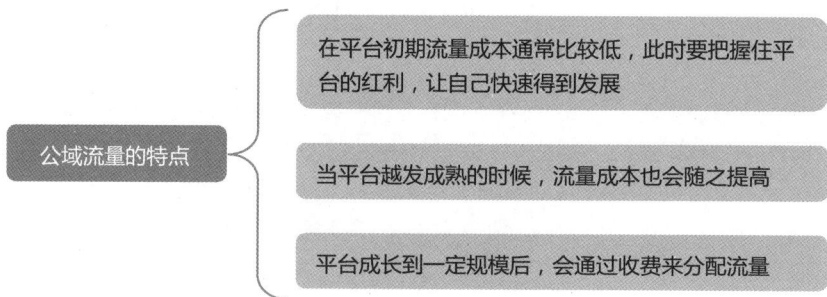

图 9-4　公域流量的特点

因此，不管你是做什么生意，运营的是什么类型的企业，都需要多关注这些公域流量平台的动态，对于那些有潜力的新平台，一定要及时入驻，并采取合适的运营方法来收获平台红利。一旦你在平台的成熟期进入，那么你就要比别人付出更多努力和更高的流量成本。

对于企业来说，这些公域流量平台最终都是需要付费的，你赚到的所有钱也都需要给它们分一笔。而对于那些有过成交记录的老客来说，这笔费用就显得非常不值。当然，平台对于用户数据保护得非常好，因为这是它们的核心资产，企业想要直接获得流量资源非常难。这也是大家都在积极将公域流量转化为私域流量的原因，转换后才能更好地促进企业的健康持续发展。

2 什么是私域流量

对于私域流量，目前还并没有统一的定义，但是私域流量却有一些共同的特点，如图9-5所示。

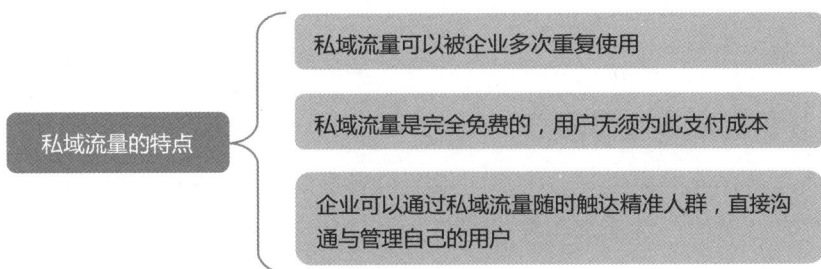

图9-5 私域流量的特点

例如，对于微博来说，上到热门头条后被所有微博用户看到，这里的用户就是公域流量；而通过自己的动态页面，让自己的粉丝看到微博内容，这里的粉丝就是私域流量，如图9-6所示。

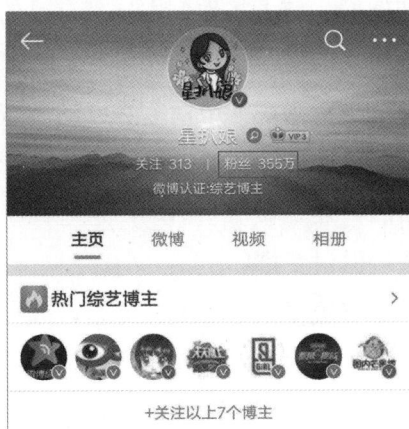

图9-6 微博的个人粉丝就是私域流量

据悉，微博 2019 年 12 月的月活跃用户数达到 5.16 亿，平均日活跃用户数达到 2.22 亿。企业和自媒体人可以通过将微博粉丝导入自己的微信的方式，来积累和经营自己的粉丝流量，摆脱平台的推荐和流量分配机制，从而更好地经营自己的资产，实现个人价值和商业价值，对于抖音来说也是一样的。

而对于公域流量来说，私域流量是一种弥补其缺陷的重要方式，而且很多平台还处于红利期，可以帮助企业和自媒体人补足短板。

—— 私域流量价值，更强转化优势 ——

打造私域流量池，就等于有了自己的"个人财产"，这样的流量会具有更强的转化优势，同时也有更多的变现可能。下面介绍私域流量模式的商业价值，探讨这种流量模式对于企业号的运营究竟有哪些好处。

1 让营销成本直线降低

以往大家在公域流量平台上做了很多付费推广，但是却并没有与这些用户产生实际关系。例如，拼多多商家想要通过参与各种营销活动来获取流量，就需要交纳各种保证金。但是，即使商家通过付费推广来获得流量，也不能直接和用户形成强关系，用户在各种平台推广场景下购买商家的产品后，又会再次回归平台，所以这些流量始终还是被平台掌握在手中。

其实，这些通过付费推广获得的用户都是非常精准的流量。企业或商家可以通过用户购买后留下的个人信息，如地址和电话号码等，再次与用户接触，甚至可以通过微信来主动添加他们，或者将他们引导到自己的社群中，然后通过一些老客维护活动来增加他们的复购率。

同时，这些老客的社群也成为企业或商家自己的私域流量池，而且运营者可以通过朋友圈的渠道来增加彼此的信任感，有了信任就会有更多的成交。这样，以后不管运营者是推广新品，还是做清仓活动，这些社群就成为一个免费的流量渠道，这样就不必再去花钱做付费推广了。

因此，只要运营者的私域流量池足够大，完全可以摆脱对平台公域流量的依赖，这也就让企业的营销推广成本大幅降低。

除了电商行业外，对于实体店来说道理也是相同的，商家也可以通过微信扫码领优惠券等方式，来添加顾客的微信。这样，商家可以在以后做活动或者上新时，通过微信或者社群来主动联系顾客，或者发朋友圈来展示产品，增加产品的曝光量，获得更多的免费流量。

例如，海尔作为传统企业，在交互性强、互联网大爆炸的时代，进行了一次史无前例的组织变革，目标是将僵硬化的组织结构转为社交性强的网络化组织结构。海尔在进行企业网络化的同时，建立起一个社群型组织。

海尔的社群运营核心是"情感"，但是对于企业来说，"情感"是一个与用户进行价值对接的界面，企业并不能通过"情感"与社群用户产生非常高黏度的衔接，毕竟"情感"往往是脆弱的，容易被破坏。

然而，海尔看清了这一点，开始与粉丝互动，让粉丝不再只是粉丝，而是参与者、生产者，真正成为与品牌有连接的、与品牌融合的一部分。其中，"柚萌"就是由海尔 U+ 发起，以实现更美好的智慧家居生活体验为宗旨的社群，如图 9-7 所示。

前沿讯息

柚萌是智慧生活新风向的引领者，在这里您可以了解最前沿的智慧科技理念和智慧生活新方式，让您成为智慧生活先锋者。

社群交互

加入柚萌，参与社区话题讨论；您能与志同道合的伙伴畅谈智慧生活，赢取海量礼品。

活动参与

柚萌会不定期组织同城会、智慧生活品鉴会、科技私享会等线上、线下活动，您有优先参与权，与明星大咖一起体验最前沿智慧生活。

图 9-7　海尔 U+ "柚萌"社群

对个人而言，可以通过社群轻松与企业交流，通过有效的推荐机制，能迅速找到好的产品及众多实用资讯。

对企业而言，私域流量下的社群可以节省大量的推广费用，好的产品会引发社群用户的自发分享行为，形成裂变传播效应。同时，企业可以通过运营私域流量，与用户深入接触，更加了解用户的需求，打造更懂用户的产品。所以，利用企业号的流量打造自己的专属私域流量池就变得很重要了。

2 让投资回报率大幅提升

公域流量有点像大海捞针，大部分流量其实非常不精准，因此整体的转化率非常低。而这种情况在私域流量平台可以很好地被规避，私域流量通常都是关注你的潜在用户，不仅获客成本非常低，而且这些平台的转化率也极高。

结果显而易见，既然用户都走到商家的店铺中，那么他必然也比大街上的人有更大的消费意愿，因此商家更容易与他们达成交易，所以私域流量的投资回报率自然也会更高。同时，只要你的产品足够优质，服务足够到位，这些老顾客还会无偿成为你的推销员，他们也会乐于去分享好的东西，以证明自己独到的眼光。这样，商家就可以通过私域流量来扩大用户规模，提升价值空间。

3 避免已有的老客户流失

除了拉新外，私域流量还能够有效避免已有的老客户流失，让老客户的黏性翻倍，快速提升老客复购率。在私域流量时代，我们不能仅仅依靠产品买卖来与用户产生交集，如果你只做到了这一步，那么用户一旦发现品质更好的、价格更低的产品，他们会毫不留情地抛弃你的产品。

因此，在产品之外，我们要与用户产生感情的羁绊，打造出强信任关系。要知道人都是感性的，光有硬件的支持是难以打动用户的，再者，用户更加注重的是精神层面的体验。

因此，我们要想打响自身品牌，推销产品，就应该在运营私域流量时融入真情实感，用情感来感化用户，重视情感因素在营销中的地位。最重要的是，了解用户的情感需求，引起其共鸣，并使得用户不断加深对企业和产品的喜爱之情。

在体验中融入真实情感这一方法是企业打造完美的消费体验的不二之选，无论是从消费者的角度，还是从企业的角度，都应该认识到情感对产品的重要性。为了树立产品口碑，向更多老顾客推销新产品，企业需要充分用情感打动顾客的心；用情感打动人心虽然不易，但只要用心去经营，得到的效果是持久的。

也就是说，私域流量中的交易绝不是一次性的成交行为，用户在买完产品后，还会给我们的产品点赞，也可以参加一些后期的活动，来加深彼此的关系。这种情况下，即使对手有更好的价格，用户也不会轻易抛弃你，因为你和他之间是有感情联系的。甚至用户还会主动给你提一些有用的建议，来击败竞争对手。

4 对塑造品牌价值有帮助

塑造品牌价值是指企业通过向用户传递品牌价值来得到用户的认可和肯定，以达到维持稳定销量、获得良好口碑的目的。通常来说，塑造品牌价值需要企业倾注很大的心血，因为打响品牌不是一件容易的事情，市场上生产产品的企业和商家千千万万，能被用户记住和青睐的却只有少数几家。

品牌可以提高用户的忠诚度，让用户产生更多信任感。品牌通过打造私域流量池，可以让品牌与用户获得更多地接触和交流机会，同时为品牌旗下的各种产品打造一个深入人心的优质的形象，然后让用户为这些产品买单，成功打造爆品，增加产品的营销转化率。

5 激励客户重复购买

私域流量是属于个人或者企业自己的，和平台的关系不大。这就是为什么很多直播平台要去花大价钱来签"网红"主播，因为这些"网红"主播自带流量，直播平台可以通过与他们签约来吸收他们自身的私域流量。对于这些"网红"来说，私域流量是可以跨平台和不断重复利用的，而且私域流量池里的这些粉丝的忠诚度非常高，可以形成顾客终身价值，所以企业号运营者可以考虑打造自己的专属"网红"主播或企业号。

（二）粉丝导入微信，抖音流量沉淀

当运营者通过注册抖音号，拍摄短视频内容在抖音等短视频平台上获得大量粉丝后，接下来就可以把这些粉丝导入微信，通过微信来引流，将抖音流量沉淀，获取源源不断的精准流量，降低流量获取成本，实现粉丝效益的最大化。

—— 名称现微信号，早期导流方法 ——

在个人名字里设置微信号是抖音早期常用的导流方法，如图9-8所示。但如今由于今日头条和腾讯之间的竞争异常激烈，加上抖音对于名称中的微信的审核也非常严格，因此运营者在使用该方法时需要非常谨慎，这里只介绍一下这种方法，但是并不建议使用。

图 9-8　利用账号名称进行引流

── **个性简介推荐，引导添加好友** ──

抖音的账号简介通常简单明了，一句话解决，主要原则是"描述账号＋引导添加好友"，如图 9-9 所示。

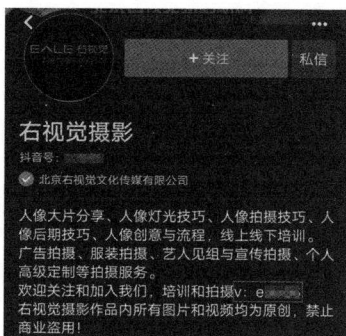

图 9-9　利用账号简介进行引流

── **改抖音号导流，设置需要谨慎** ──

抖音号位于账号昵称的下方，它跟微信号一样，是其他人能够快速找到你的一串独有的字符。企业号的运营者可以将自己的抖音号直接修改为微信号，如图 9-10 所示。但是，抖音号只能修改一次，一旦审核通过就不能修改了。所以，运营者修改前一定要想好，这个微信号是否是你最常用的那个。

修改抖音号的方法在前面的内容没有介绍，接下来给大家介绍修改抖音号的操作方法，具体如下。

STEP01 打开抖音 App，在主界面点击右下角的"我"按钮进入相应界面，点击"编辑资料"按钮，如图 9-11 所示。

图 9-10 在抖音号中设置微信号

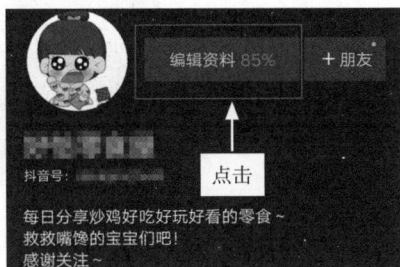

图 9-11 点击"编辑资料"按钮

STEP02 进入"编辑资料"界面，点击"抖音号"一栏，如图 9-12 所示。

STEP03 进入"修改抖音号"界面，❶修改抖音号；❷点击右上方的"保存"按钮即可，如图 9-13 所示。在修改时需要注意，抖音号只能包含数字、字母、下画线和点，其他的字符都不可以用，而且 30 天内只可以修改 1 次，修改时需谨慎思考。

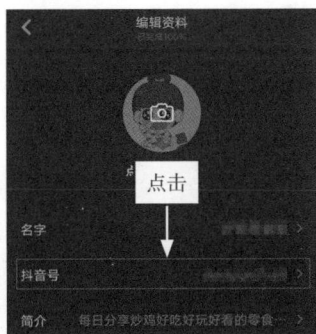

图 9-12 点击"抖音号"一栏

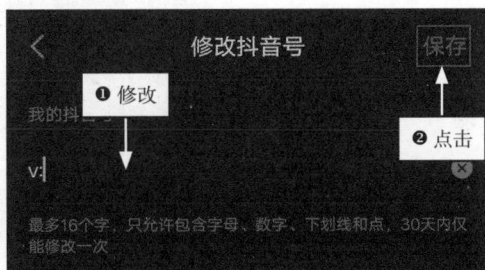

图 9-13 "修改抖音号"界面

—— 背景图片面大，容易被人看到 ——

背景图片的展示面积比较大，容易被人看到，因此在背景图片中设置微信号的导流效果也非常明显，如图 9-14 所示。

图 9-14　在背景图片中设置微信号

── 头像露微信号，面小效果一般 ──

抖音号的头像都是图片，在其中露出微信号，系统也不容易识别，但头像的展示面积比较小，需要粉丝点击放大后才能看清楚，因此导流效果一般，如图 9-15 所示。另外，有微信号的头像也需要用户提前用 Photoshop 或者可以进行 P 图操作的其他 App 做好。

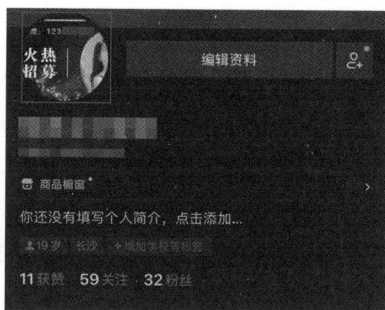

图 9-15　在个人头像上设置微信号

需要注意的是，抖音对于设置微信的个人头像管控得非常严格，所以运营者一定要谨慎使用。

── 视频介绍微信，得到大量曝光 ──

主要方法就是在短视频内容中露出微信，可以由主播自己说出来，也可以通过背景展现出来，或者打上带有微信的水印，只要这个视频火爆后，其中的微信号也会随之得到大量的曝光。

需要注意的是，运营者最好不要直接在发布的视频上添加自己的微信号水印，这样做不仅影响粉丝的观看体验，而且可能会导致视频不能通过系统的审核，甚至会被系统封号。

三 抖音平台引流，5 个注意事项

虽然抖音平台引流很重要，但是在引流的过程中也有一些问题需要运营者注意，不能为了一时的引流而破坏了账号在抖音平台和抖音用户心中的形象，导致账号的权重降低。具体来说，在抖音平台中进行引流有 5 个注意事项，本节就来分别进行解读。

—— 营销前先养号，提升初始权重 ——

说到"养号"，在第 1 章的第 4 节介绍过，在这里笔者就简单地给大家把"养号"的知识点总结一下。因为"养号"对于企业号运用来说还是比较重要的一步，所以大家需要注意。

这主要是因为抖音会根据权重给你的账号一定的推荐量，你的账号权重越高，获得的推荐量自然就越多。另外，抖音为了将精准流量推荐给优质的内容创作者，会从不同维度对一个账号是否正常进行检测。而"养号"的目的就是告诉抖音平台你的账号是一个正常的账号。

那么，运营者在抖音"养号"的时候具体怎么养呢？可以重点把握 4 个方面，具体如下。

（1）账号信息填写完整，且在粉丝量不足 1 万时，尽量不要在个人信息中出现微信、QQ 等联系方式。

（2）关注与你的账号同类型的账号。

（3）填写与所在的账号同类的抖音账号，稳定登录并浏览相关视频，适时与抖音用户进行一些互动。并适时浏览同城推荐的内容。

（4）绑定今日头条、火山等相关账号。

—— 选择发布时间，增加曝光机会 ——

在发布抖音短视频时，发布频率是一周至少 2～3 条，然后进行精细化运营，保持视频的活跃度，让每一条视频都尽可能地上热门。至于发布的时间，为了让你的作品被更多的人看到，火得更快，一定要选择在抖音粉丝在线人数多的时候进行发布。

一般来说，用户会在闲暇的时间刷抖音短视频，如上卫生间或者上班路上。尤其是睡前和周末、节假日这些时间段，抖音的用户活跃度非常高。发布时间最好控制在以下 3 个时间段。

（1）周五 18:00～24:00。

（2）周末两天（星期六和星期天）。

（3）其他工作日的 18:00～20:00。

同样的作品在不同的时间段发布，效果肯定不一样，因为流量高峰期人多，那么你的作品就有可能被更多人看到。如果用户一次性录制了好几个视频，千万不要同时发布，视频之间至少要间隔一个小时。

另外，发布时间还需要企业号的运营者结合自己所面向的目标客户群体的时间确定，因为职业的不同、工作性质的不同、行业细分的不同以及内容属性的不同，发布的时间节点也都有所差别。因此，用户要结合内容属性和目标人群，选择一个最佳的时间点发布内容。再次提醒，最核心的一点就是在人多的时候发布，这样得到的曝光和推荐会大很多。

—— 软化广告植入，避免用户反感 ——

虽然大部分运营者都希望通过抖音赚取一桶金，而要想赚钱，进行广告植入是很有必要的。但是，如果运营者直接展示商品，这样广告做得就太硬了，大部分用户看到这样的广告后也会选择直接滑过。

那么，怎样在短视频中打广告比较合适呢？笔者认为主要还是尽可能地将广告软化，让用户对你的广告不那么反感。比如，可以针对商品设计相关的剧情，让用户既觉得你的短视频具有一定的趣味性，同时也能从短视频中看到商品的使用效果。图 9-16 所示为软文广告的具体案例。

图 9-16　软文广告具体案例

　　其实对于一部分用户来说，讨厌的并不是广告，而是一些没有趣味性，一味地强调商品优点的广告。毕竟，大多数用户刷抖音的直接目的是想看有趣的短视频，而不是在抖音里买东西。如果用户觉得你的短视频是在不停地引导他买东西，那么，用户很容易就会产生抵触情绪。

── 进行类似操作，切记不要频繁 ──

　　企业号运营者在引流的过程中最好不要频繁地进行类似的操作，主要有以下4 个原因。

　　（1）如果频繁地进行类似的操作，抖音平台会对账号的正常性产生疑问。一旦，认定你的账号运营不正常，势必会对账号进行降权处理。

　　（2）企业号运营者在抖音平台上进行的相关操作，如更改个人信息、发布视频等，抖音平台都会进行审核，频繁地进行类似操作会增加抖音平台的工作量，让平台对你的账号产生不好的印象。

　　（3）频繁地进行类似的操作也意味着你需要花更多时间在相同的事情上，这样，你在账号的运营过程中花费的时间成本会大幅提高。

　　（4）用户可能是因为某些内容才关注你的，如果你通过频繁的操作，用户都不认识你了，那么，用户很可能会选择取消关注。比如，当你将个人信息全部进行修改，并删除了部分短视频后，用户可能就会觉得你的账号变得陌生了。甚至部分用户如果只看抖音的个人信息，没发现你进行了更改，还会以为是自己不小心对陌生账号点了关注。

—— 删除发布内容，丢失爆红机会 ——

很多短视频都是在发布了一周甚至一个月以后，才突然开始火爆起来的，所以这一点给笔者一个很大的感悟，那就是在抖音上获得人人平等，唯一不平等的就是内容的质量。你的抖音账号是否能够快速获得一百万粉丝，是否能够快速吸引目标用户的眼球，最核心的点还是内容。

所以，笔者很强调一个核心词，叫"时间性"。因为很多人在运营抖音时有个不好的习惯，那就是当他发现某个视频的整体数据很差时，就会把这个视频删除。建议大家千万不要去删除你之前发布的视频，尤其是你的账号还处在稳定成长的时候，删除作品对账号有很大的影响。

删除作品可能会减少你上热门的机会，减少内容被再次推荐的可能性。而且过往的权重也会受到影响，因为你的账号本来已经运营维护得很好了，内容已经很稳定地得到推荐，此时把之前的视频删除，可能会影响你当下已经拥有的整体数据。

这就是"时间性"的表现，那些默默无闻的作品，可能过一段时间又能得到一个流量扶持或曝光，因此我们唯一不能做的就是把作品删除。当然，如果你觉得删除视频没有多大影响，你可以删除，但根据我们之前实操删除作品的账号发现，账号的数据会明显受到很大的影响。

第.**10**.章

掌握实用技巧，
实现获利转化

为什么要做企业号？对于这个问题，许多人最直接的想法可能就是借助抖音赚钱。确实，抖音是一个潜力巨大的市场。但是，它同时也是一个竞争激烈的市场。所以，要想在抖音中年赚上百万，运营者还要掌握一些实用的技巧。

一 卖商品或服务，6 种获利形式

对于抖音企业号来说，抖音最直观、有效的盈利方式当属商品或服务转化获利。借助抖音平台销售产品或服务，只要有销量，就有收入。具体来说，用产品或服务获利主要有 6 种形式，即自营店铺卖货、利用精选联盟、开课招收学员、提供咨询服务、出版专业图书、打造优质 IP，本节将分别进行解读。

—— 自营店铺卖货，直接获得收益 ——

抖音短视频最开始的定位是一个方便用户分享美好生活的平台，而随着商品分享功能、商品橱窗功能等功能的开通，抖音短视频开始成为一个带有电商属性的平台，并且其商业价值也一直被外界看好。

对于拥有淘宝等平台店铺和开设了抖音小店的抖音企业号来说，通过自营店铺直接卖货无疑是一种十分便利、有效的获利方式。运营者只需在商品橱窗中添加自营店铺中的商品，或者在抖音短视频中分享商品链接，其他抖音用户便可以点击链接购买商品，如图 10-1 所示。而商品销售出去后，运营者即可直接获得收益。

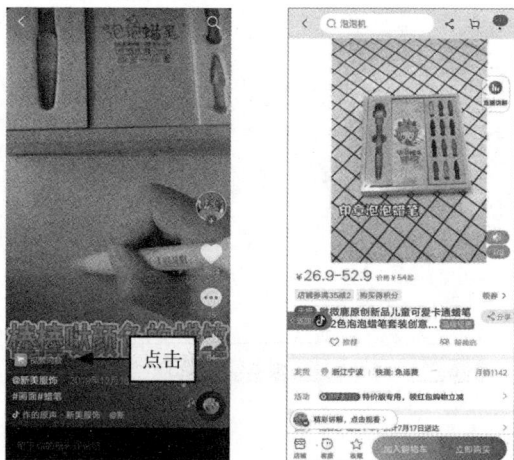

图 10-1　点击链接购买商品

—— 利用精选联盟，分销赚取佣金 ——

抖音短视频平台的电商价值快速提高，其中一个很重要的原因就是随着精选联盟的推出，用户即便没有自己的店铺也能通过帮他人卖货赚取佣金。也就是说，只要抖音账号开通了商品橱窗和商品分享功能，即可通过引导销售获得收益，所以企业号的运营者也可以根据自己的需求选择适合自己账号定位的产品进行销售。

当然，在添加商品时，账号运营者可以事先查看每单获得的收益。以女装类商品为例，运营者可以直接搜索女装，查看相关产品每单可获得的收益。如果想要提高每单可获得的收益，还可以点击"佣金率"按钮，查看商品每单的佣金率，如图 10-2 所示。

图 10-2　添加商品时查看每单的佣金率

商品添加完成后，运营者即可在其他用户点击商品橱窗中的商品，或短视频的商品链接购买商品后，按照标示的佣金获得收益。佣金获取后，只需进行提现操作，即可拿到收益。

—— 开课招收学员，借助课程获益 ——

对于部分教育和培训机构来说，可能自身无法为消费者提供实体类的商品。那么，是不是对于他们来说，抖音短视频平台的主要价值就是积累粉丝，进行自我宣传的一个渠道呢？

很显然，抖音短视频平台的价值远不止如此，只要自媒体和培训机构拥有足够的干货内容，同样能够通过抖音短视频平台获取收益。比如，可以在抖音短视频平台中通过开设课程招收学员的方式，借助课程费用赚取收益。

比如，企业号"跟 VIPKID 玩英语"就将自己的英语课程放进账号的商品橱窗，抖音用户只需点击"商品橱窗"按钮，即可进入"商品橱窗"页面，然后选择自己要购买的课程，如图 10-3 所示。用户点击所选择的课程链接后，弹出一个新的页面，在该页面点击"立即购买"按钮，即可进行付款购买，如图 10-4 所示。

图 10-3　点击进入"商品橱窗"页面

图 10-4　课程购买的页面

提供咨询服务，取得可观报酬

有的抖音账号既不能为消费者提供实体类的商品，也没有可供开设课程的干货内容。那么，这一类抖音账号应如何进行获利呢？其实，如果能够在抖音短视频平台中提供有偿服务，同样也能够获得收益。图 10-5 所示为某抖音账号中的律师咨询服务，用户如果有问题需要咨询，可以选择"在线咨询"或者"电话咨询"，然后预约咨询。

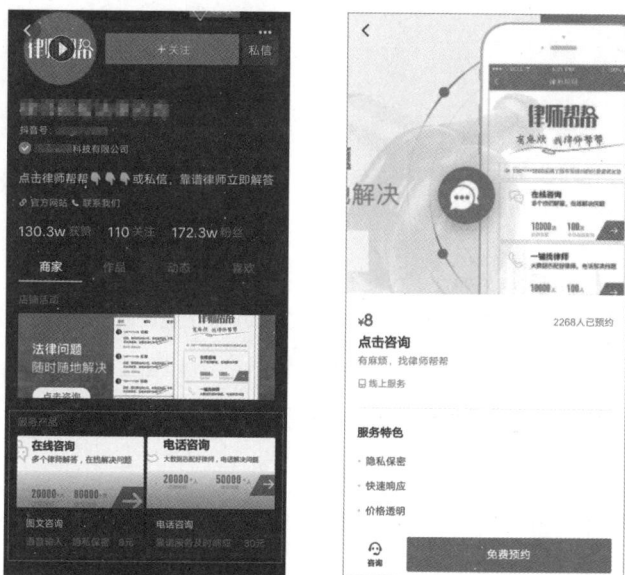

图 10-5 某抖音账号的律师咨询服务

出版专业图书，又一获利模式

图书出版，主要是指运营者在某一领域或行业经过一段时间的经营，拥有了一定的影响力或者有一定的经验后，将自己的经验进行总结，然后进行图书出版，以此获得收益的盈利模式。

短视频原创作者采用出版图书这种方式去获得盈利，只要抖音短视频运营者本身有基础与实力，那么收益还是很可观的。例如，抖音号"Shawn Wang"的号主王肖一就是采取这种方式获得盈利的。王肖一通过抖音短视频的发布，积累了 30 多万粉丝，成功塑造了一个 IP。图 10-6 所示为"Shawn Wang"的抖音个人主页。因为多年从事摄影工作，王肖一结合个人实践编写了一本无人机摄影方面的图书，如图 10-7 所示。

图 10-6　"Shawn Wang" 的抖音个人主页　　图 10-7　王肖一编写的摄影书

该书出版后短短几天，单单 "Shawn Wang" 这个抖音号售出的数量便达到几千册。由此不难看出其欢迎程度。而这本书之所以如此受欢迎，除了内容对读者有吸引力之外，与王肖一这个 IP 也是密不可分的，部分抖音用户就是冲着王肖一这个 IP 来买书的。

另外，当图书作品火爆后还可以通过售卖版权来获利，小说等类别的图书版权可以用来拍电影、拍电视剧或者网络剧等，收入相当可观。当然，这种方式可能比较适合那些成熟的短视频团队，如果作品拥有了较大的影响力，即可利用版权盈利。

其实企业号和个人号一样，也可以通过出版图书的方式来获得收益，尤其是专注于某一方面并且有比较深入研究的企业号。运营者可以考虑出版该专业方面的书籍，一是可以将专业知识以比较直观的方式展现给粉丝。二是可以提高自己的知名度，吸引更多的粉丝。

—— 打造优质 IP，寻求企业合作 ——

当企业号成为行业内比较优质的 IP 后，就会有其他机构慕名而来寻求合作。比如，企业号 "舞影佳创舞蹈摄影" 就因自己产品和服务质量过硬而有了比较好的名声，然后与湖南卫视《舞蹈风暴》节目组合作，成为节目指定摄影机构，在节目中的摄影效果获得了外界的一致好评。图 10-8 所示为该企业号的账号主页（左）和摄影作品视频（右）。

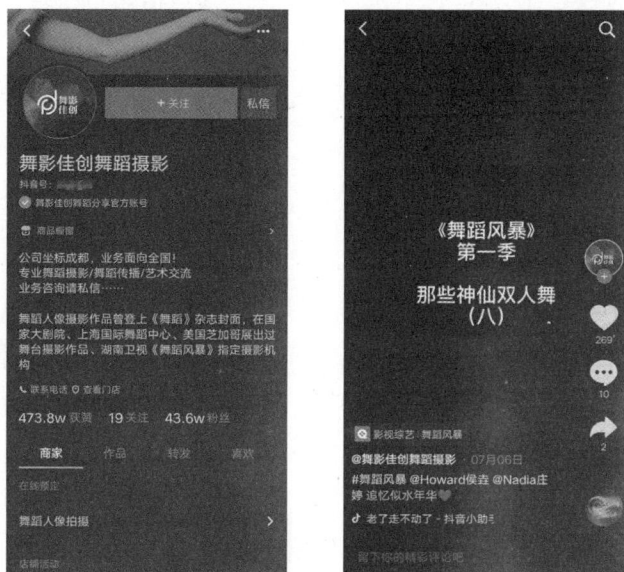

图 10-8　账号主页和摄影作品视频

（二）借助粉丝力量，4 种获利方法

抖音是一个流量巨大的平台，而对于企业号的运营者来说，将吸引过来的流量进行转化，借粉丝的力量获利也不失为一种不错的生财之道。

借助粉丝力量获利关键在于吸引用户观看你的抖音短视频，然后通过短视频内容引导用户，从而达成自身的目的。一般来说，借助粉丝力量获利主要有 4 种方法，本节将分别进行解读。

—— 引流至实体店，线上线下联动 ——

用户都是通过抖音短视频 App 来查看线上发布的相关短视频，而对于一些在线上没有店铺的运营者来说，要做的就是通过短视频将线上的用户引导至线下，让抖音用户到店打卡。

如果运营者拥有自己的线下店铺，则建议大家一定要认证 POI（Point of Information，信息点），这样可以获得一个专属的地址标签，只要能在高德地图上找到你的实体店铺，认证后即可在短视频中直接展示出来。运营者及其他用户在上传视频时，如果给视频进行定位，那么，只要点击定位链接，即可查看店铺的具体信息和其他用户上传的与该地址相关的所有视频。

除此之外，企业号运营者上传短视频后，附近的用户还可在同城板块中看到你的抖音短视频。再加上 POI 功能的指引，即可有效地将附近的用户引导至线下实体店。运营者可以通过几种方式来显示自己的地址，这里主要介绍 3 种，具体如下。

（1）同城外卖

用户可以在"账号主页联系方式"一栏添加自己的外卖地址超链接，这样，当其他用户在抖音刷同城的短视频内容时，点开你的主页就可以看到"同城外卖"按钮，用户有兴趣就可以点击该按钮，进入外卖页面，如图 10-9 所示。

图 10-9　添加外卖链接

（2）查看门店

运营者在账号主页添加自己的门店有两种方式：第一种是在"联系方式"一栏，添加自己的门店位置，如图 10-10 所示；第二种是在"商家"页面添加自己的店铺位置，如图 10-11 所示。

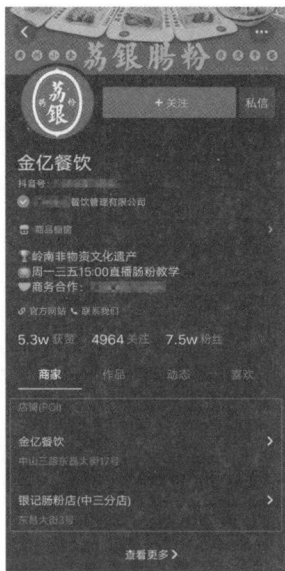

图 10-10　在"联系方式"一栏添加定位　图 10-11　在"商家"页面添加店铺位置

（3）在视频中添加定位

　　企业号运营者在发布视频内容时，可以在视频的发布页面添加自己实体店的定位，添加后在视频播放界面就会出现定位的标识，如图 10-12 所示。当用户浏览到你的视频时，只需点击这个定位标识，就会弹出有关实体店的详细信息，如图 10-13 所示。

图 10-12　在发布视频时添加定位　　图 10-13　实体店的详细地址信息

掌握实用技巧，实现获利转化

231

POI 的核心在于用基于地理位置的"兴趣点"来链接用户痛点与企业卖点，从而吸引目标人群。大型的线下品牌企业还可以结合抖音的 POI 与话题挑战赛来进行组合营销，通过提炼品牌特色，找到用户的"兴趣点"来发布相关的话题。这样可以吸引大量感兴趣的用户参与，同时让线下店铺得到大量曝光，而且精准流量带来的高转化也会为企业带来高收益。

例如，"长沙海底世界"是一个非常好玩的地方，许多长沙地区的人都会将其作为节假日的重点游玩选项。基于用户的这个"兴趣点"，在抖音上发起了"#长沙海底世界"的话题挑战，并发布一些带 POI 地址的景区短视频，对景区感兴趣的用户看到话题中的视频后，通常都会点击 POI 地址查看，此时进入 POI 详情页即可看到长沙海底世界的详细信息，如图 10-14 所示。这种方法不仅能够吸引粉丝前来景区打卡，而且还能有效提升周边商家的线下转化率。

图 10-14   "话题 + POI"营销示例

在抖音平台上，只要有人观看你的短视频，就能产生触达。POI 拉近了企业与用户的距离，在短时间内能够将大量抖音用户引导至线下，方便了品牌进行营销推广和商业变现。而且 POI 搭配话题功能和抖音天生的引流带货基因，同时也让线下店铺的传播效率和用户到店率得到提升。

—— 直播获取礼物，获得一定提成 ——

对于企业号来说，还有一个重要的变现方式就是通过直播来销售产品。在直播时除了可以通过销售产品赚取收益外，还会获得粉丝赠送的各种礼物，也就是粉丝在观看主播直播的过程中，可以在直播平台上充值购买各种虚拟的礼物，在主播的引导或自愿情况下送给主播，而主播则可以从中获得一定比例的提成以及其他收入。

这种变现方式要求主播具备一定的语言和表演才能，而且要有一定的特点或人格魅力，能够将粉丝牢牢地"锁在"你的直播间，而且还能够让他们主动为你花费钱财购买虚拟礼物。

直播在许多人看来就是在玩，毕竟，大多数直播都只是一种娱乐的方式。但是，不可否认的一点是，只要玩得好，玩着就能把钱给赚了。因为主播们可以通过直播，获得粉丝的打赏，而打赏的这些礼物又可以直接兑换成钱。

当然，企业号的运营者想要通过粉丝送礼的方式，玩着玩着就把钱赚了，首先需要主播拥有一定的人气。这就要求主播自身要拥有某些过人之处，只有这样，才能快速积累粉丝。

其次，在直播的过程中，还需要一些"帮衬"。粉丝都是扎堆送礼物的。之所以会出现这种情况，"帮衬"可以说是功不可没。这主要是因为很多时候人都有从众心理，所以，如果有人带头给主播送礼物，其他人也会跟着送，这就在直播间形成了一种氛围，让看直播的其他受众在压力下，因为觉得不好意思，或是觉得不能白看，也跟着送礼物。

—— 打造专业社群，寻找更多商机 ——

在抖音短视频平台上运营一段时间后，随着知名度和影响力的提高，如果你在抖音中留下了微信等联系方式，便会有人开始申请加你为好友。图 10-15 所示为微信好友申请界面，可以看到其中有很多人来自抖音平台。我们可以好好利用这些人群，从中寻找商机。

这些来自抖音的人群，都有具体的需求，有的人是想学习如何运营抖音，有的人是想学习如何做营销。对此，运营者可以根据人群的具体需求进行分类，然后将具有相同需求的人群拉进同一个微信群，构建社群，并通过对社群的运营寻找更多商机。

笔者将来自抖音的人群根据需求进行分类后，构建了微信群。图 10-16 所示为笔者书友密训会微信群的相关界面。

图 10-15　微信好友申请界面

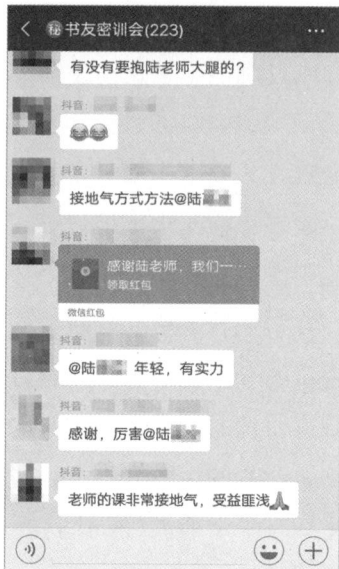

图 10-16　书友密训会微信群

── 引导账号粉丝，进入目标平台 ──

部分企业可能同时经营多个线上平台，而且抖音还不是其最重要的平台。对于这一部分企业来说，通过一定的方法将抖音粉丝引导至特定的其他平台，让抖音粉丝在目标平台中发挥力量就显得非常关键。

一般来说，在抖音中可以通过两种方式将抖音用户引导至其他平台。一是通过链接引导；二是通过文字、语音等表达进行引导。通过链接导粉比较常见的方式就是在视频或直播中插入其他平台的链接，此时，抖音用户只需点击链接，即可进入目标平台，如图 10-17 所示。

当抖音用户进入目标平台后，运营者则可以通过一定的方法，如发放平台优惠券，将抖音用户变成目标平台的粉丝，并让抖音用户在该平台上持续贡献购买力。

通过文字、语音等表达进行引导的常见方式就是在视频、直播等过程中，简单地对相关内容进行展示，然后通过文字、语音将对具体内容感兴趣的抖音用户引导至目标平台。

图 10-17　点击链接进入目标平台

（三）线下实体转化，吸引用户进店

抖音是线上的平台，而部分运营者则主要是在线下进行卖货转化。那么，实体店如何吸引用户进店消费，实现高效转化呢？本节就给大家支 4 个招。

—— 以店铺为场景，组织新奇玩法 ——

以店铺为场景是什么？就是在店里面组织各种有趣的玩法。比如，曾经在抖音上的摔碗酒，就是通过在店铺中展示摔碗这种场景来吸引用户到线下实体店打卡的。

当然，摔碗酒这种玩法包含有自身的特色在里面，很多实体店没有办法模仿。但是，我们也可以通过一些具有广泛适用性的活动来展示店铺场景。比如，可以在店铺门口开展跳远打折活动，为店铺进行造势。

大家都知道，实体店最重要的其实已不再是产品，因为用户想买产品，可以直接选择网购。那么，实体店如何吸引用户进店消费呢？其中，一种方法就是让用户对你的实体店铺有需求。

网购虽然方便，但是在许多人看来也是比较无聊的，因为它只是让人完成了购买行为，却不能让人在购物的过程中获得新奇的体验。如果你的实体店铺不仅能卖产品，而且能举办一些让用户感兴趣的活动，那么，用户自然会更愿意去你的实体店铺中打卡消费。

有的店铺中还会组织一些特色的活动，比如，让顾客和老板或者店员猜拳、组织对唱或者跳舞等。你可以将特色活动拍成视频上传至抖音中，从而展现店铺场景。这些活动在部分用户看来是比较有趣的，所以，在看到之后，就会对你的实体店铺心生向往。

—— 打造老板人设，增加店铺魅力 ——

你的老板有没有什么特别的地方？他（她）能不能在视频中出镜呢？抖音上以老板为人设的账号很多。这些老板火了之后，就会为店里带来很多流量。有的人可能是真的想要买东西，更多的人可能只是想去看看这些老板现实生活中到底是什么样的，这种方式激发了消费者的好奇心，无形之中也增加了店铺的吸引力。

—— 打造员工人设，形成独特风格 ——

抖音号除了打造老板的人设之外，还可以打造员工的人设。你的店铺中有没有很有趣、很有特色的店员？能不能以店员的角度来看待店铺的经营情况，让视频内容看起来更加真实？

比如，有个店铺就是通过打造"开酒猫"这种员工形象来吸引顾客的。与一般人的开酒方式不同，"开酒猫"可以利用各种工具来打开啤酒，而且开酒的动作很利落，有的顾客甚至会被开酒的动作吓到，如图 10-18 所示。

虽然这样的开酒方式有些危险，但是，在许多用户看来，这个"开酒猫"的动作很酷。所以，很多用户在看到她开酒的视频后，都想要去她所在的店铺亲身体验一下。这样一来，通过对员工人设的打造，增强了实体店铺对用户的吸引力，很多用户都想要去店里体验一下。

当然，有的店铺中的店员，看上去可能并没有什么太特别的地方。那就可以在了解员工的基础上，对员工的独特之处进行挖掘和呈现。如果觉得这种挖掘不好做，还可以直接招收一些比较有才的店员，然后拍摄该员工秀才艺的视频发布在抖音上，吸引人关注。

图 10-18　打造员工的人设

——　顾客帮忙宣传，评价更加可信　——

店铺中的人员有限，所能达到的宣传效果也比较有限。而用户有时候可能会觉得店铺的相关人员拍摄的视频，不是很客观，但是如果是顾客发布的视频，就会给大家更加值得信任的感觉。那么，我们能不能让进入店铺中的顾客拍摄抖音视频，让顾客帮忙进行宣传呢？

图 10-19 所示为某店铺借助"成都美食攻略"这个抖音号进行宣传的一条视频，在该视频中运营者还添加了定位，有兴趣的用户刷到短视频后就可以查看具体位置，然后到实体店打卡。

让顾客帮忙宣传这种营销方式，无论是对顾客，还是对店铺都有益处。对顾客来说，可以丰富自身拍摄的内容。如果拍摄的视频上了热门，还可以获得一定的粉丝，增加自己账号的权重。

而对于店铺来说，很多用户都会参照顾客拍摄的视频，去实体店打卡对店铺评价高的顾客越多，店铺的生意就会越好。这和网购是一个道理，如果店铺的好评度高，自然能吸引更多人前来购买。

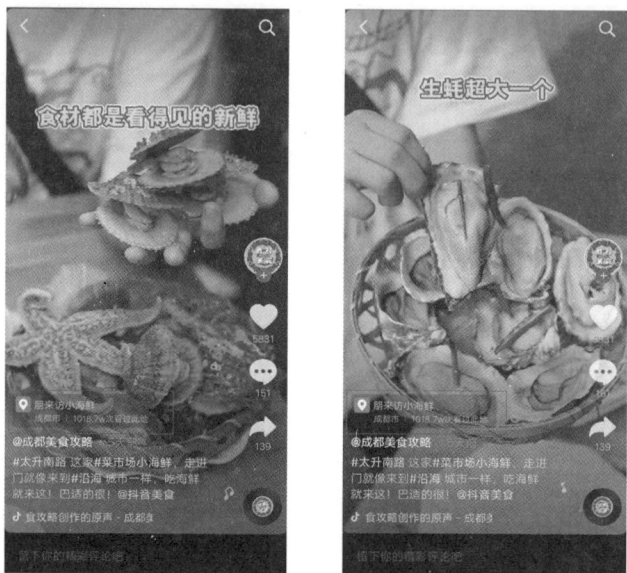

图 10-19　让顾客帮忙宣传

其实，很多实体店铺能够成为网红店铺，都是因为顾客的宣传为店铺塑造了良好的口碑。如果每个进店的顾客都能拍一条抖音视频，那么，即便一条视频只能带来 5 个顾客，实体店铺也能持续不断地获得大量的客流。这样，商家还担心实体店铺做不起来吗？

第 . **11** . 章

展示优秀案例，
掌握大号秘诀

企业号的最终目的是带货、卖货，第 10 章具体讲解了怎样运营才能带货、卖货，实现账号获利的目标。本章，根据案例和大家一起分析研究那些运营得比较好的企业号的具体带货和卖货方式。

一 手机类案例，如何获得支持

手机类企业号是如何获得用户支持的？这里介绍两个案例，即"荣耀"手机、"OPPO"手机，具体分析如下。

——"荣耀"手机，懂得宣传产品 ——

"荣耀"是近年来迅速发展的一个手机品牌，所以，当该品牌推出抖音企业号后，也得到了许多抖音用户的支持。当然，一个企业号要想在"品牌热 DOU 榜"中位于前列，除了品牌积累的热度外，还需要通过抖音营销，获取更多抖音用户的支持。纵观"荣耀"手机的抖音运营，有 3 点是值得广大企业号运营者学习的。

（1）及时宣传产品。"荣耀手机"是一个特别懂得宣传产品的企业号。在该企业号的主页中，设置了"官方网站"按钮，抖音用户只需点击该按钮，即可进入官网，官网有新品的介绍，了解产品信息后，有需求的抖音用户甚至可以直接购买，如图 11-1 所示。

图 11-1　及时宣传产品

（2）开展热门话题。"荣耀"手机在抖音中开展了许多话题，其中不乏播放量达到几十亿甚至是超过百亿的热门话题，如图 11-2 所示。这些话题，不仅大大提高了"荣耀"手机在抖音中的知名度，更为"荣耀"手机带来了大量流量，促进了其旗下产品的销售。

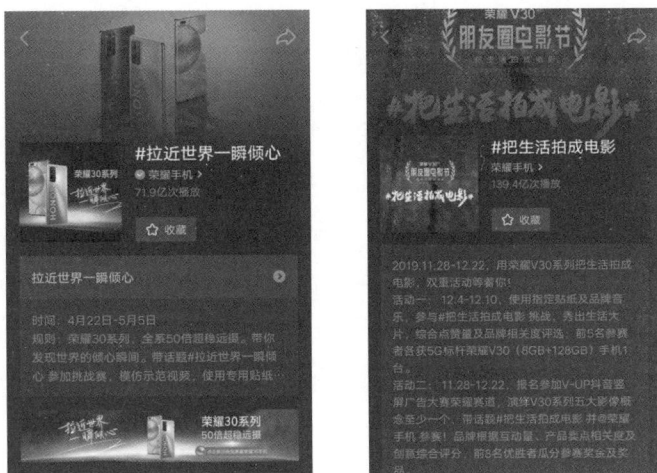

图 11-2　开展热门话题

（3）邀请青年偶像代言。"荣耀"手机邀请了某位青年偶像作为品牌代言人，并为代言人打造专门的视频，如图 11-3 所示。这些青年偶像自带许多流量，而这些流量中，有很大一部分是年轻人。

图 11-3　邀请青年偶像代言

展示优秀案例，掌握大号秘诀

这些年轻人对于偶像相关的内容通常都有比较高的参与积极性，所以，"荣耀"手机的很多内容都因为与其代言人具有相关性，而成为抖音热门内容。而且年轻人也是"荣耀"手机的主要消费人群。这些热门内容可以提高年轻人对"荣耀"手机的购买兴趣，直接提高"荣耀"手机的销量。

—— "OPPO"手机，广告宣传到位 ——

"OPPO"手机在营销方面做得非常到位，大家应该经常看见"OPPO"手机的广告，而且"OPPO"在抖音开通企业号后也收到不少抖音用户的关注和喜爱。从"OPPO"企业号的运营方面来看，主要有 3 点值得大家学习和探讨。

（1）添加官方商城。"OPPO"在抖音账号上设置添加"OPPO 官方商城"，当抖音用户进入"OPPO"账号主页，点击"OPPO 官方商城"按钮，即可进入"OPPO 官方商城"页面，用户可以游览商品，挑选自己中意的手机进行购买，如图 11-4 所示。

图 11-4　添加官方商城

（2）开展话题。企业号"OPPO"也根据自己产品的特点开展了很多有趣的话题，其中有一些播放量达到了几亿。比如，"小晶钻reno4"的话题视频播放量超过了 4 亿。在话题的最后运营者还添加了"解密小晶钻 Reno4"超链接，用户点击该链接，如图 11-5 所示，即可弹出一个产品的详情介绍页面，用户可通过点击"立即购买"按钮进行购买，如图 11-6 所示。

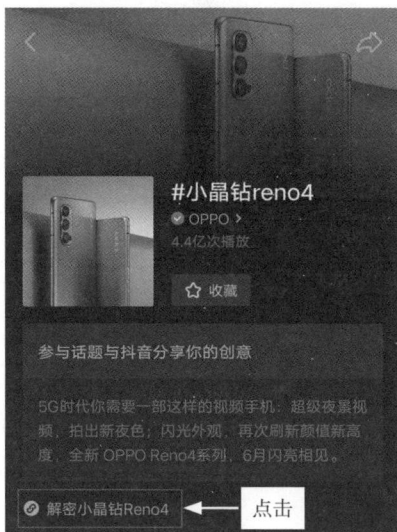

图 11-5　点击超链接

图 11-6　详情页面

（3）明星代言。"OPPO"手机与某男明星合作多年，没有频繁更换代言人，在一定程度上让用户觉得该企业是一个值得信任的企业，会对企业留下比较好的印象，如图 11-7 所示。

图 11-7　明星代言

二 美妆类案例，如何卖出产品

接下来，介绍美妆类的企业号是如何运营、如何卖出产品的，这里举两个例子，即"迪奥""兰蔻"。

—— "迪奥"美妆，积累优秀口碑 ——

在"品牌热 DOU 榜"中，"迪奥"不管是在"美妆"还是在"奢侈品"的类目中排名都比较靠前。之所以会这样，"迪奥"的企业号——"爱尚迪奥"可谓功不可没。那么，这个企业号的运营有哪些值得借鉴的地方呢？下面就一一进行分析。

（1）官网引导。在"爱尚迪奥"的主页中，设置了"官网链接"按钮，抖音用户点击该按钮即可进入官网，查看和购买商品，如图 11-8 所示。

图 11-8　官网引导

（2）高颜值偶像代言。"迪奥"邀请了某位高颜值的男偶像，而且该偶像在行内的口碑比较好。正因如此，"迪奥"借助代言人的口碑，在抖音中树立了良好的形象。图 11-9 所示为"爱尚迪奥"中发布的高颜值偶像代言视频。

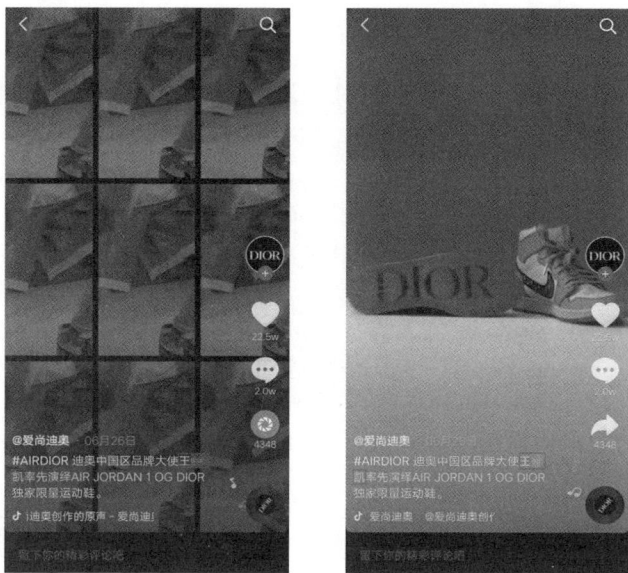

图 11-9　高颜值偶像代言

"爱尚迪奥"的营销，再加上"迪奥"作为一个国际品牌，在行业内长期积累的口碑，让"迪奥"的相关产品成为许多抖音用户的选择。不过，"爱尚迪奥"对抖音的资源利用得明显还不够。如果能够开通商品橱窗功能，进行商品销售，那么，必然能获得更好的卖货效果。

——　"兰蔻"美妆，借助有利条件　——

"兰蔻 LANCOME"是美妆品牌兰蔻的一个抖音企业号。在 2020 年 6 月 28 日至 7 月 11 日"品牌热 DOU 榜"的"美妆"类目中，"兰蔻"处于第 1 位。那么，"兰蔻 LANCOME"在运营过程中，有哪些地方是值得大家学习的呢？接下来，进行分析。

（1）借助有利条件积极卖货。在"兰蔻 LANCOME"主页界面中，展示了官网链接。官网链接的设置，为"兰蔻"展示商品和提供销售渠道提供了方便。如果抖音用户点击主页中的"官网链接"按钮，如图 11-10 所示。即可进入官网界面，如图 11-11 所示。在该界面中，分多个类别对商品进行了展示。抖音用户可以通过上下滑动手机页面，了解相关商品的详情。看到中意的商品，还可以点击"购买"按钮进行购买。

图 11-10　"兰蔻 LANCOME"主页

图 11-11　官网链接页面

（2）借助话题营销。"兰蔻 LANCOME"在抖音中开展了多个话题，这些话题中不乏播放量过亿的。过亿的话题播放量，为"兰蔻 LANCOME"这个抖音号带来的是大量的流量和潜在客户。用户点击话题中的超链接，可以进入"兰蔻 LANCOME"的官方网站界面，如图 11-12 所示。

（3）邀请偶像代言。"兰蔻"邀请了一些当红"小花"和"小鲜肉"作为品牌代言人。"兰蔻 LANCOME"通过发布这些偶像的代言视频，吸引了大量抖音用户的关注。图 11-13 所示为"兰蔻 LANCOME"邀请偶像代言的视频。

图 11-12　借助话题营销

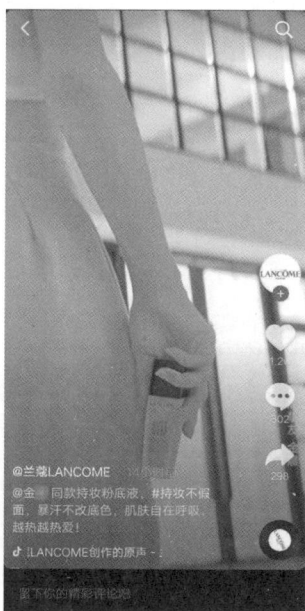

图 11-13　邀请偶像代言

　　偶像代言可为"兰蔻 LANCOME"带来一定的流量，再加上"兰蔻 LANCOME"在主页中设置的官网链接为抖音用户提供了商品购买渠道。这样一来，"兰蔻 LANCOME"要想通过卖货实现流量变现就不是什么难事了。

三 食品饮料案例，如何抢占市场

本节主要介绍食品饮料类的企业号的运营，下面以"伊利""江小白"为例，因为它们的企业号在运营方面以及占领市场方面表现都是比较出色的。

—— "伊利"乳业，注重优惠活动 ——

"伊利"是国内一个知名的乳业品牌。在 2020 年 7 月 5 日至 11 日的"品牌热 DOU 榜"的"食品饮料"类目中，"伊利"也处于第 1 位。"伊利"在抖音中注册的企业号名为"活力伊利"。该企业号对"伊利"的抖音营销起到了很大的作用，这主要体现在以下两个方面。

（1）开展活动营销。在"活力伊利"的账号主页界面中，设置了一个"优惠活动"按钮，抖音用户点击该按钮，即可进入官方优惠活动的页面，如图 11-14 所示。在该页面中，抖音用户可以以相对优惠的价格购买"伊利"的相关产品，如图 11-15 所示。

图 11-14 点击"优惠活动"按钮

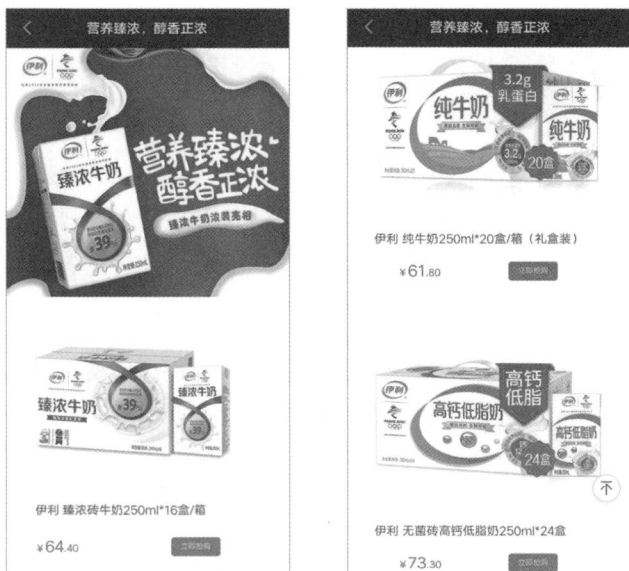

图 11-15 "优惠活动"页面

（2）邀请代言。"伊利"的代言人分为两类，一是娱乐圈明星；二是体坛明星。娱乐圈明星可以为"活力伊利"带来大量的流量，增加商品销量。图 11-16 所示为"伊利"邀请某当红男星代言产品的视频。

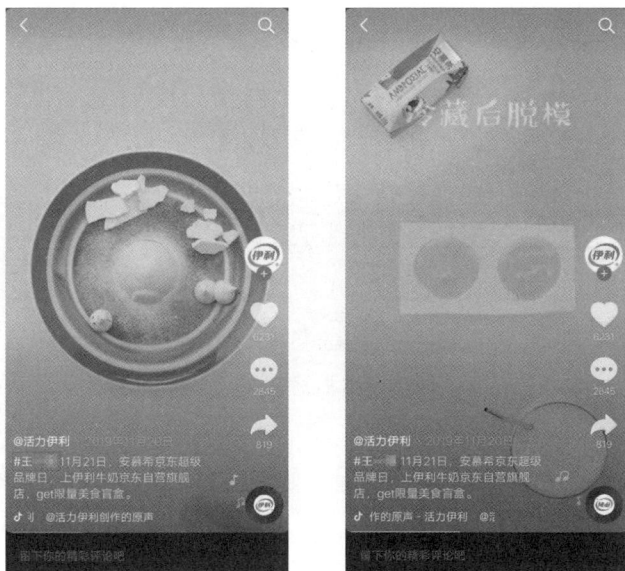

图 11-16 邀请代言

而体坛明星则可以刺激抖音用户的消费需求，因为强健的体魄是许多人都追求的，而体坛明星就具有非常强健的体魄。因此，抖音用户在看到体坛明星的代言后，就会觉得自己喝了"伊利"的产品也能拥有强健的体魄，这就给了抖音用户一个购买"伊利"产品的理由。

优惠活动让利于抖音用户，再加上明星代言的刺激，抖音用户对"伊利"产品的需求量自然会出现一定的增加。不过，在我看来，如果能够通过商品橱窗等功能，为抖音用户提供更加便利的购买渠道，或者是加入添加官网的链接，"伊利"的抖音卖货效果会更好。

── "江小白"酒业，创新营销方式 ──

"江小白"之前比较出圈的营销方式是文案营销，也就是在它的商品包装上有一句与青春有关的文案，唤起很多人对青春的回忆。抖音出现后，"江小白"就注册了名称为"江小白"的企业号，而且在企业号的运营方面也有优势，具体如下。

（1）游戏小程序。"江小白"在它的账号主页添加了一个"下班约酒"超链接，当用户点击该链接时，弹出"下班约酒"的新页面，在该页面有很多小游戏，用户可以邀请自己的好友与自己玩这些小游戏，非常有趣，如图 11-17 所示。

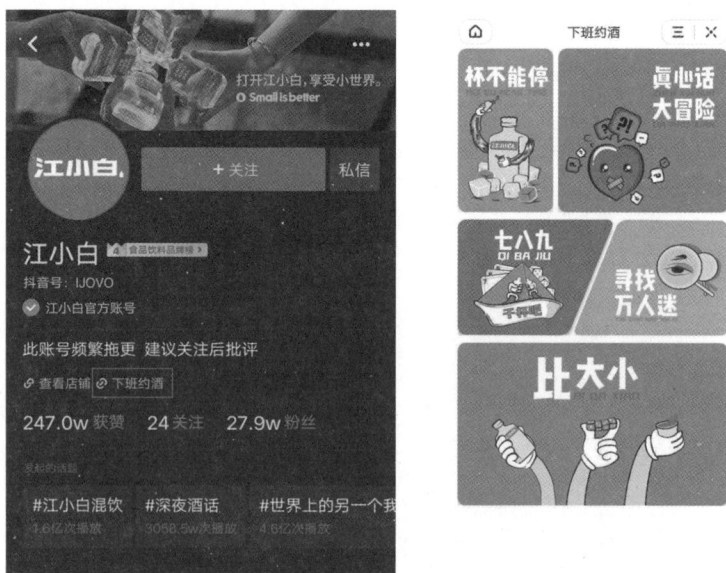

图 11-17　游戏小程序

（2）话题营销。"江小白"还开展了很多的话题，其中有一个话题叫作"深夜酒话"，吸引了很多人的参与，如图 11-18 所示。

图 11-18　话题营销

（3）原创视频故事。"江小白"特别注重视频作品的创作，尤其是会利用热点，比如，根据《乘风破浪的姐姐》创作自己的视频故事，如图 11-19 所示。该账号的运营者非常善于将自己的产品放入故事中，也创作了很多高热度、高播放、高质量的视频作品。

图 11-19　原创视频故事

四 其他类案例，如何运营出色

除了上面所说的几类案例外，还有很多类型的企业号也在运营方面有比较出色的表现，这里再给大家介绍几个。

—— "东风日产"，提高企业名气 ——

"东风日产"在"品牌热 DOU 榜"的"汽车"类目的排名一直名列前茅。那么，该企业号是怎么做到的呢？这主要是因为它在以下 3 个方面做得比较好。

（1）该企业号的主页为抖音用户沟通和了解相关详情提供了便利。在"东风日产"的主页，直接设置了一个"官网链接"按钮，用户只需点击该按钮，便可以进入对应网页，了解该品牌及产品的详情，如图 11-20 所示。除此之外，主页中还设置了官方电话的链接，这也为抖音用户更好地与品牌进行沟通、了解详情提供了便利。

图 11-20 "东风日产"的官网链接及详情页

（2）利用话题进行营销，吸引了大量流量。"东风日产"在抖音中开展了许多热门话题，而且其中有几个是播放量过亿的，如图 11-21 所示。这就能给该抖音号带来大量流量，提高"东风日产"这个品牌的知名度，而且点击话题中所带的超链接即可进入产品详情页。

图 11-21　开展热门话题

（3）热门视频营销。与一般企业号一味地进行广告营销不同，"东风日产"的抖音视频，既注重对品牌旗下产品的性能进行展示，也侧重于通过剧情进行软性营销。正因如此，该企业号的视频不容易让抖音用户产生反感情绪，甚至许多抖音用户在看到该企业号的视频后会积极参与。

因此，"东风日产"的很多视频受到了许多抖音用户的欢迎，在抖音中成为热门视频。图 11-22 所示为该企业号发布的视频作品，累计点赞量达到了 62.1 万，这个视频可以说是非常成功。

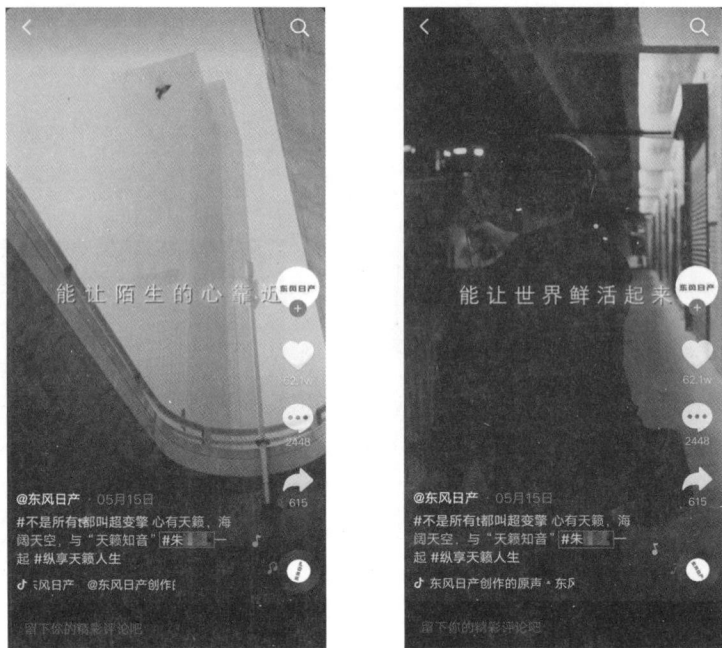

图 11-22　热门视频营销

　　虽然汽车具有一定的特殊性，无法像一些小件物品一样，直接在网上销量，通过快递送到顾客手中。但是，"东风日产"借助企业号营销，也从很大程度上提高了品牌的知名度。许多经常刷抖音的人群，因为经常接触"东风日产"的营销内容，在有买车需求时也会将该品牌的产品作为重点的参考对象。这样一来，无形之中便带动了"东风日产"的销量。

——　"格力电器"，口碑创造收入　——

　　说起"格力"，许多人可能想到的是那句"好空调，格力造！"，确实，"格力"生产的空调一直受到许多人的青睐，在行业的口碑也非常好。其实作为一个电器企业，"格力"除了空调之外，还生产了许多电器产品。

　　（1）开通商品橱窗功能。抖音用户只需点击"商品橱窗"按钮，即可进入"商品橱窗"界面，查看商品详情，并购买需要的商品，如图 11-23 所示。

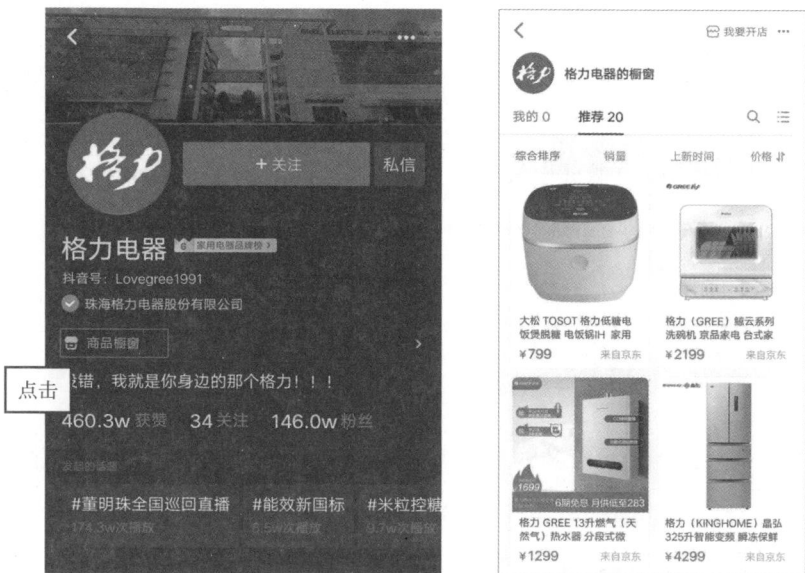

点击

图 11-23　"格力电器"的商品橱窗

（2）通过视频进行了营销。视频中对"格力"旗下的相关产品进行了展示，因为部分视频成为抖音的热门，所以"格力"也借助这些视频获取了不少的流量。图 11-24 所示为"格力"发布的视频，可看到这条视频的点赞量超过了 30 万，其带来的流量可想而知。

图 11-24　"格力"发布的视频

　　"格力"本来就是一个具有很高知名度的品牌，借助其积累的口碑，很容易就能获得许多抖音用户的支持。只是从"格力"的运营情况来看，在卖货方面做得还是有些不够。

　　另外，"格力电器"主页也没有设置官网链接，没有为抖音用户提供便利的销售渠道。这样，抖音用户想要买格力的商品也不一定能从抖音中找到便利的渠道，"格力"能够从抖音中获得的销量自然也就比较有限了。

——　"阿迪达斯"，增加产品销量　——

　　"adidas"是一个国际知名的运动品牌，在国内也拥有大量忠实的消费者。"adidasneo"属于"adidas"的运动休闲系列，同时也是"adidas"近年来的一个主打系列。可能也正因如此，其抖音企业号取名为"adidasneo"。纵观"adidasneo"的运营情况，有 3 个方面是值得许多企业号借鉴的。

　　（1）官网引导。在"adidasneo"的主页，设置了"官方网站"按钮，抖音用户只需点击该按钮，如图 11-25 所示，即可下载"adidas"的官方 App，了解旗下商品的详情，有需求的抖音用户还可以进行购买，如图 11-26 所示。

图 11-25　"adidasneo"账号主页

图 11-26　官网引导

（2）话题营销。"adidasneo"深谙营销造势之道，它在抖音中开展了许多话题，其中包括许多播放量过亿的话题，如图 11-27 所示。正是这一个个热门话题，为"adidasneo"带来了源源不断的流量。

图 11-27　话题营销

（3）明星代言。"adidas"是一个非常注重明星代言的品牌，它经常会邀请一些明星拍摄代言视频。比如，"adidasneo"这个清新活力的休闲系列，就会重点选取一些年轻、时尚的明星作为自己的代言人，图 11-28 所示为某男星和某女星一起为"adidasneo"代言的视频。

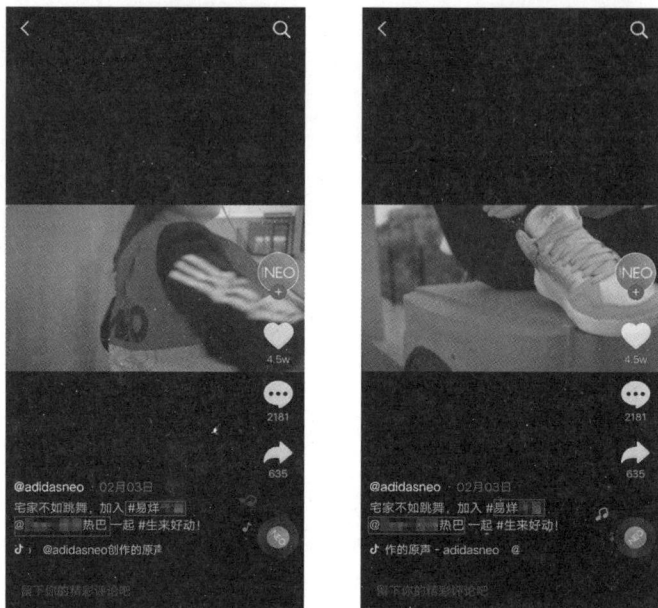

图 11-28　明星代言

无论是官网引导、话题引导，还是明星代言，都能对"adidas"的销量起到推动作用。而抖音又是一个拥有广泛用户的平台，所以，通过抖音号的运营，"adidas"自然就能取得不错的卖货效果。